Audiovisuelle Medien im Fremdsprachenunterricht

Schriftenreihe AV-Pädagogik

Herausgegeben vom Institut für Film und Bild
in Wissenschaft und Unterricht

Redaktion: Gernot Krankenhagen

Reihe C   Fachdidaktik

Audiovisuelle Medien im Fremdsprachenunterricht

Herausgegeben von
Klaus Schüle und Gernot Krankenhagen

Mit Beiträgen von
Hans Bebermeier, Helmut Heuer, Jürgen Olbert,
Hans-Eberhard Piepho, Elmar Roth, Ludger Schiffler,
Bruno Schneider und Klaus-Dietrich Urban

Ernst Klett Verlag Stuttgart

Die Bildgeschichte „Der gelöschte Vater" auf S. 30 wurde entnommen aus: e. o. plauen, „Vater und Sohn", © Südverlag GmbH Konstanz, 1949; mit Genehmigung der Gesellschaft für Verlagswerte GmbH, Kreuzlingen/Schweiz. — Die Zeichnungen auf S. 33 und 34 sind entnommen aus: Bruno Schneider, „Zum Einsatz graphischer Elemente in der Nach-Labor-Phase". In: Das Sprachlabor und der audiovisuelle Unterricht, Heft 2, Frankfurt 1970; die Arbeit wurde erneut abgedruckt in J. Olbert/B. Schneider (Hrsg.), Gesammelte Aufsätze zum Transfer. Heft 20 der Reihe „Schule und Forschung", Frankfurt 1973. Der Abdruck erfolgt mit freundlicher Genehmigung des Verlags Diesterweg-Salle. — Der Lektionstext mit Bildern auf S. 42—44 sowie die Abbildungen auf S. 48 sind entnommen aus „Passport to English, Junior Course", S. 38 f., „Situational Pattern Practice, Picture Book" S. 23 und „Situational Pattern Practice, Lehrerskript" S. 52; Abdruck mit freundlicher Genehmigung des Verlags Hueber-Didier. — Die Lektions- bzw. Übungstexte mit Bildern auf S. 62, 63 und 66 sowie die Fotos auf S. 68 sind entnommen aus „La France en Direct I" S. 120, 121 und 123 sowie aus dem zugehörigen „Cahier d'exercices" S. 42; Abdruck mit freundlicher Genehmigung der Librairie Hachette. — Die Zeichnungen „Dick's Adventure" von Hans Kossatz auf S. 76 sind entnommen aus „English H3 - Workbook" S. 40; Abdruck mit freundlicher Genehmigung des Verlags Cornelsen-Velhagen & Klasing.

1. Auflage 1974
Alle Rechte vorbehalten
Fotomechanische Wiedergabe nur mit Genehmigung des Verlages
© Ernst Klett Verlag, Stuttgart 1974, Printed in Germany
Einbandentwurf: Renate Greineder
Gesamtherstellung: Oberbayerisches Volksblatt, Rosenheim
ISBN 3-12-920310-9

Inhalt

Einführung 7

Helmut Heuer
Einführung in die Didaktik der neueren Sprachen 10
1. Zur Bestimmung des Wissenschaftsgebietes Fremdsprachendidaktik ... 10
2. Zur Geschichte des Fremdsprachenunterrichts 11
3. Zur fremdsprachendidaktischen Curriculumforschung 14
4. Zur Linguistik und zu ihren Anwendungen 15
5. Zur Fremdsprachenlernpsychologie 18
6. Zur Literatur- und Gesellschaftskunde 20

Bruno Schneider
Fachdidaktische Überlegungen zum Einsatz von AV-Medien
im Fremdsprachenunterricht 22
1. Fachdidaktischer Einsatz des Einzelmediums 23
2. Medienverbund im fremdsprachlichen Unterricht 31

Klaus-Dietrich Urban
Die Verarbeitungsphase neueingeführter Strukturen im AV-
Unterricht — Passport to English, Junior Course, Unit 9 .. 38
1. Zur Einführung 38
2. Passport to English, Junior Course, ein AV-Kurs in der CREDIF-
Tradition 39
3. Der Strukturunterricht einer audiovisuellen Lektion im Rahmen eines
für die Praxis erstellten Zwölf-Stunden-Schemas 41
4. Der Strukturunterricht im Lektionszusammenhang Unit 9 42
5. Die Verarbeitungsphase der neueingeführten Strukturen 46
6. Die abschließenden vier Stunden 57
7. Grenzen der Straffungsmöglichkeiten des Zwölf-Stunden-Unterrichts-
modells 59

Ludger Schiffler
Eine Stunde Gruppenunterricht mit einem audiovisuellen
Kurs in der Klasse 7 — La France en direct, dossier 14,
phase d'appropriation 60
1. Ziel der Stunde 60
2. Der vorausgehende Unterricht mit dem dossier 14 62
3. Der Stundenverlauf 67

Hans Bebermeier
Einsatzmöglichkeiten des Arbeitsprojektors im Fremdsprachenunterricht 73
1. Einführung 73
2. Unterrichtsbeispiel 76

Elmar Roth
Die Arbeit mit visuellen Einzelmedien auf dem Gebiet der Literaturkunde — Englisch, Sekundarstufe II 83
1. Diareihen 83
2. Einzelbilder 86
3. Bildergalerie 88
4. Dokumentarfilme 89
5. Spielfilme 91
6. Folien und Transparente 93

Hans-Eberhard Piepho
Englischunterricht im Medienverbund — Fernsehkurs SPEAK OUT, Einheit 11 „At the Post Office" 97
1. Vorbemerkung 97
2. Zur Vorgeschichte des Kurses SPEAK OUT 97
3. Der Kurs SPEAK OUT 100
4. Praktisches Unterrichtsbeispiel 104

Jürgen Olbert/Bruno Schneider
Beispiele für den Einsatz von auditiven Medien in der Mittelstufe des Französischunterrichts 113
1. Ziele und Methoden auf der Mittelstufe 113
2. Das „Corpus d'Orleans" als Beispiel für den Tonbandeinsatz 115
3. Alternative Möglichkeiten des Tonbandeinsatzes 121

Literaturliste 130
Zu den in diesem Band verwendeten AV-Medien 133
Die Autoren 135

Einführung

Audiovisuelle Medien haben in den letzten Jahren in der pädagogischen Diskussion eine zunehmende Rolle gespielt. Immer mehr Geräte kommen auf den Markt, immer mehr Filme, Dias, Transparente, Tonbänder und andere AV-Medien werden angeboten. Dagegen sind Veröffentlichungen über den didaktisch sinnvollen Einsatz solcher audiovisueller Medien ausgesprochen selten. D. h. aber, daß die Kluft zwischen Angebot und angemessener Verwendung von AV-Medien dauernd größer wird.
In dieser Situation soll die Schriftenreihe AV-Pädagogik mithelfen, diese Kluft zu verkleinern. Sie wendet sich an Lehrer aller Schularten einschließlich Studierende des Lehrfachs und Lehrer in der zweiten Phase der Ausbildung. Darüber hinaus möchte sie auch Fachdidaktikern und Fachwissenschaftlern Hinweise und Anregungen geben. Unsere Intention ist es, nicht nur eine Bestandsaufnahme traditionellen Medieneinsatzes zu liefern, sondern wenigstens in gewissem Umfang Innovationen anzuregen.
In drei Reihen soll der Gesamtkomplex „Audiovisuelle Medien im Unterricht" behandelt werden:

— Die Grundlagenreihe A beschäftigt sich mit den Voraussetzungen zum Einsatz von audiovisuellen Medien, d. h. damit, was der Lehrer wissen sollte, bevor er audiovisuelle Medien im Unterricht verwendet.
— In der Reihe B sollen die technischen Bedingungen für den didaktisch sinnvollen Einsatz eines bestimmten AV-Mediums im Unterricht dargestellt werden. Hier geht es also um allgemeine Aussagen zu den einzelnen AV-Medien in bezug auf ihre unterrichtliche Verwendung.
— Die fachdidaktische Reihe C schließlich will dem einzelnen Lehrer für sein Fach anhand praktischer Beispiele zeigen, was er mit audiovisuellen Medien machen kann. Innerhalb dieser Reihe C ist der vorliegende Band konzipiert.

Der vorliegende Band „Fremdsprachen" gliedert sich in drei Teile. Zunächst gibt Helmut Heuer eine skizzenhafte Einführung in die Didaktik der neueren Sprachen. Dieser Aufsatz soll lediglich die Problematik anreißen und nicht etwa die Diskussion in aller Breite aufnehmen. Eine gewisse Orientierungshilfe mag dem Leser das im Anhang wiedergegebene Literaturverzeichnis sein.
Eine Einführung in die Fachdidaktik erscheint uns notwendig, um einerseits den Gesamtrahmen abzustecken und andererseits wenigstens eine

grobe Einordnung der später folgenden Unterrichtsbeispiele zu ermöglichen. Darüber hinaus soll deutlich werden, daß es im vorliegenden Band nicht um die Darstellung einer wie auch immer gearteten selbständigen Mediendidaktik geht, sondern daß die Verwendung von Medien immer von den fachdidaktischen Erfordernissen abhängig ist.
Im zweiten Teil behandelt Bruno Schneider allgemein die Möglichkeiten des Einsatzes von audiovisuellen Medien im Fremdsprachenunterricht: Er versucht, den Platz der Medien in der Fachdidaktik zu bestimmen. Hauptteil dieses Bandes sind die dann folgenden sechs Beispiele. Wir sind dabei von folgenden fach- und mediendidaktischen Überlegungen ausgegangen:
— Es sollten die wichtigsten *AV-Medien* für den Fremdsprachenunterricht berücksichtigt sein.
— Es galt weiter, die unterrichtliche Verwendung in den verschiedenen *Schulstufen* zu zeigen.
— Es mußte der Einsatz audiovisueller Medien in den verschiedenen *Phasen* des Spracherwerbs dargestellt werden.
— Es war schließlich notwendig, sich auf die beiden *Sprachen* Englisch und Französisch zu beschränken. Unser Bemühen war es aber, die Beispiele so anzulegen, daß eine Übertragung auf andere Sprachen möglich ist.
Audiovisuelle Lehrwerke gewinnen in der Bundesrepublik Deutschland zunehmend an Bedeutung. Deshalb beschäftigen sich die beiden ersten Beispiele mit der Verwendung solcher Lehrwerke. Während Klaus-Dietrich Urban an einem audiovisuellen System die Verarbeitungsphase unter Verwendung auch des Sprachlabors beschreibt, setzt Ludger Schiffler den Akzent auf die Transferphase und auf die bisher so sehr vernachlässigten Möglichkeiten des Gruppenunterrichts.
Der Arbeitsprojektor bietet gerade im Fremdsprachenunterricht eine Vielfalt zum Teil bisher unausgeschöpfter methodisch-didaktischer Möglichkeiten. Zwei Arten des Einsatzes werden von Hans Bebermeier und Elmar Roth in ihren Aufsätzen beschrieben. Bebermeier gibt allgemeine Hinweise und stellt an einem Beispiel die Behandlung einer Bildgeschichte dar. Roth dagegen zeigt einige spezielle methodische Kniffe zur Selbstherstellung von Folien und verweist auf Möglichkeiten, dieses Gerät nicht ausschließlich in einem lehrerzentrierten Unterricht zu verwenden.
Den Leser mag es erstaunen, daß der Tonband-(Sprachlabor-)Arbeit nicht ein gesondertes Beispiel gewidmet ist. Der Grund dafür ist die Tatsache, daß der Arbeit im Sprachlabor in der einschlägigen Literatur viel Raum gegeben ist; zudem hat die Arbeit mit visuellem Material in den letzten Jahren einen besonderen Stellenwert erlangt. Infolgedessen finden sich

bei Roth ausführliche Darstellungen z. B. zum Einsatz von Dias. Hans-Eberhard Piepho schildert die Verwendung einer Unterrichtseinheit aus der Fernsehserie „Speak out". Da Filme und Tonbänder dieses Fernsehkurses über das Institut für Film und Bild jedem Lehrer zur Verfügung stehen, leistet er gleichzeitig einen Beitrag zum Einsatz des Films im fremdsprachlichen Unterricht.

Im Beitrag von Jürgen Olbert und Bruno Schneider werden die vielfältigen Möglichkeiten audiovisueller Medien in der Mittelstufe behandelt. Der Schwerpunkt liegt dort auf Materialien, die das Erfassen umgangssprachlicher Strukturen ermöglichen, und auf speziellen Übungsarten im grammatikalischen Bereich.

Es soll hier betont werden, daß es uns nicht so sehr um die Fragen ging, welche Sprache zu bevorzugen oder hintanzustellen sei, und auch nicht, von wem das jeweilige Material hergestellt wurde. Wir wollen auch nicht einer unkritischen Medieneuphorie Vorschub leisten. Unser Hauptinteresse gilt dem didaktisch sinnvollen Einsatz audiovisuellen Materials. Wir sind deshalb auch nicht in erster Linie von dem Gesichtspunkt ausgegangen, Material des FWU zu verwenden, sondern es war unser Bestreben, die Autoren über das Material berichten zu lassen, mit dem sie im Unterricht praktische Erfahrungen gesammelt haben.

Wir möchten zum Schluß Herrn Prof. Reinhold Freudenstein für vielfältige Hinweise und Anregungen danken.

Helmut Heuer

Einführung in die Didaktik der neueren Sprachen

1. Zur Bestimmung des Wissenschaftsgebietes Fremdsprachendidaktik

Orientierungsfrage:
Ist die Fremdsprachendidaktik ein Teil der Sprachwissenschaft oder der Erziehungswissenschaft?

Grundlegung:
Der Begriff der Didaktik des Fremdsprachenunterrichts erscheint in unterschiedlichen Formulierungen. In Großbritannien wird der Terminus *Methods* gebraucht, in dessen Pluralform die Vielfalt methodischer Möglichkeiten im Wirkungsfeld der Erziehungswissenschaft angelegt ist. In den USA findet im Zeichen von *Applied Linguistics* die spezialisierte Forschungsarbeit zum Fremdsprachenlernen statt. In der UdSSR stellt die Didaktik der neueren Sprachen unter der Bezeichnung *Methodik* ein eigenes Fachgebiet im Zusammenhang mit den sprachwissenschaftlichen Disziplinen dar. Im deutschsprachigen Raum haben sich drei Begriffe entwickelt, die heute ihren besonderen Stellenwert besitzen: *Fremdsprachendidaktik* (Neusprachendidaktik), *Theorie des Fremdsprachenunterrichts, Sprachlehrforschung.*

Die Fremdsprachendidaktik beschreibt die Lernprozesse beim Erwerb von Zielsprachen und fügt linguistische, psychologische und allgemein erziehungswissenschaftliche Erkenntnisse zusammen, auf deren Grundlage Lernziele und Lernverfahren systematisiert werden. Die Fremdsprachendidaktik wendet dabei Erkenntnisse mehrerer Bezugswissenschaften an, besonders der Sprachwissenschaft, der Erziehungswissenschaft und der Psychologie.

In ihrer *Anwendungs- und Filterfunktion* ist die Fremdsprachendidaktik eine Wissenschaft, die sich einem gesellschaftlich relevanten Untersuchungsgegenstand zuwendet. Organisatorisch kann die Fachdidaktik mit der Sprachwissenschaft oder mit der Erziehungswissenschaft verknüpft wer-

den. Dabei ergeben sich Möglichkeiten interdisziplinärer Zusammenarbeit, aber auch Gefahren interdisziplinärer Überfremdung (Linguistisierung oder Psychologisierung).
Die Tatsache, daß die Fremdsprachendidaktik noch im Entstehen begriffen ist und die Analyse ihres eigenen Werdens und ihrer tragenden Wissenschaftsbegriffe zusätzlich zu der Analyse ihres Untersuchungsgegenstandes vornehmen muß, läßt es ratsam erscheinen, die Fremdsprachendidaktik als eigene Disziplin, aber in enger Verbindung mit den Bezugswissenschaften sich entfalten zu lassen. Sie ist als spezielle *Didaktik* ein Teil der Erziehungswissenschaft, als Didaktik der *Fremdsprachen* ein Teil der Sprachwissenschaft.

Diskussionszitat:
„Die Fachdidaktik Englisch untersucht, ausgehend von einem gesellschaftswissenschaftlichen Relevanzbegriff ..., die jeweilige Anglistik auf ihre jeweils relevanten Wissenschaftsinhalte und -ergebnisse hin. Sie sucht Wege zur effizienten Weitervermittlung dieser Inhalte und Ergebnisse, wobei sich Effizenz sowohl am Einzelwesen in der Gruppe als auch an der Gesellschaft überhaupt orientiert." (FINKENSTAEDT/SCHRÖDER, 1971, S. 67)

2. Zur Geschichte des Fremdsprachenunterrichts

Orientierungsfrage:
Führt die Beschäftigung mit früheren Epochen des fremdsprachlichen Unterrichts nicht zu totem Wissen oder, auf der anderen Seite, zum naiven Wunsch, unbedingt aus der Geschichte lernen zu wollen?

Grundlegung:
Die junge Disziplin der Fremdsprachendidaktik steht vor der dringlichen Aufgabe, ihre Ursprünge mit den heutigen Zielsetzungen zu verbinden und zu einer *historischen Dimensionierung* der fachbezogenen Struktur zu gelangen. Diese Aufgabe wird um so schwieriger, als die heutige Zeit auf eine möglichst rasche Lösung der anfallenden Tagesprobleme drängt. Je stärker die Investition zur Bewältigung des Tagesgeschehens ist, desto größer wird die Gefahr des vordergründigen Aktualismus.
Die erste Epoche des Fremdsprachenlernens seit Beginn der Neuzeit ist die Zeit des fremdsprachendidaktischen *Praktizismus*, die bis ins 18. Jahrhundert reicht. Mit der unbekümmerten Energie von Dilettanten haben die *Sprachmeister* Generationen von Zöglingen mit dem von der damali-

gen Gesellschaft als notwendig erachteten Standard der Fremdsprachenausbildung erfolgreich vertraut gemacht. Allerdings erst mit den im 19. Jahrhundert einsetzenden Überlegungen des *fremdsprachendidaktischen Formalismus* zur Zeit des Neuhumanismus über Zielvorstellung und Methodenorganisation ist mit einer tragenden Sprachlernkonzeption zu rechnen.

Nach den Sprachmeistern und den Neuhumanisten setzt die dritte Phase, die Epoche der *neusprachlichen Reformbewegung*, mit der Erbschaft der vorangehenden Jahrhunderte ein. Von den Sprachmeistern übernehmen die Reformer die Dynamik der Lebensbewältigung durch gesprochene Sprache und von den Neuhumanisten die Idee der Standortbestimmung durch theoretische Reflexion.

Die nachfolgenden Phasen lassen sich geschichtlich weniger klar strukturieren. So bringt die *Kulturkundebewegung* zwischen den beiden Weltkriegen und die Epoche der *linguistischen Didaktik* der fünfziger und sechziger Jahre mehrere Elemente zum Ausdruck, die schon in der neusprachlichen Reformbewegung angelegt sind. Es ist zu vermuten, daß die nächsten Jahre im Zeichen einer Phase stehen werden, die als *lernpsychologische Fremdsprachendidaktik* charakterisiert werden kann.

Der Geschichte des Fremdsprachenunterrichts kann die Einsicht entnommen werden, daß eine fortwährende Veränderung, die bis zur Verketzerung des Vorangehenden führt, ein Kennzeichen fremdsprachendidaktischer Auseinandersetzung ist. Der sog. *Methodenstreit,* der in der neusprachlichen Reformbewegung entstand und heute unter anderen Vorzeichen in dem Vergleich zwischen der audiovisuellen Methode und den Reformlehrwerken besteht, kann sich dann am heftigsten entfalten, wenn die Standpunkte ohne geschichtsbezogene Prämissendiskussion verteidigt werden.

Wie stark Gegenwartsprobleme historisch verwurzelt sind, sollen einige ausgewählte Beispiele zeigen. Wenn heute der Wert der Landeskunde für die fundamentale Spracherwerbsstufe erneut durchdacht wird, ist es nützlich zu wissen, daß die *Verbindung von Sprache und Sprachraum* erst seit der neusprachlichen Reformbewegung besteht. War der Hintergrund der Texte bis zur Reformbewegung kosmopolitischer Natur, so erfolgte die Eingrenzung auf die landeskundlichen Realien im Zeichen einer Theorie, die durch England- und Frankreichkunde weniger die Wirksamkeit des Fremdsprachenlehrgangs steigern als vielmehr zusätzliche Bildungsinformation über das fremde Land mit Hilfe des Fremdsprachenunterrichts vermitteln wollte.

In dem heutigen Fachgespräch über Formen der Leistungsmessung erscheint der Wert des traditionellen Diktats als sehr begrenzt, auch wenn es noch nicht gelungen ist, Sprachleistungen ohne das schriftliche Medium zu bewerten. So altertümlich das *Diktat* erscheinen mag, so ist es doch ein Kind der neusprachlichen Reformbewegung. Mit der Forderung nach Einsprachigkeit entfielen die Übersetzungsübungen. An ihre Stelle trat das Diktat, das einsprachig ablaufen und die direkte Methode verwirklichen konnte.

Auch das Leitmedium des bisherigen Fremdsprachenunterrichts, das *Lehrbuch,* ist ein historisch gewachsenes Gebilde, das gleichsam aus Urgestein und später hinzugetretenen Formationen besteht. Jüngeren Datums sind Lehrbuchelemente wie Lieder und Illustrationen, integrierte Grammatikteile und textvorbereitende Übungen. Der heutige mündliche Vorkursus entstammt der früheren Orthoepie, d. h. dem Lautierlehrgang.

Auch die Lehrerrolle ist geschichtlich interpretierbar. Als die Sprachlehrer des 19. Jahrhunderts zu *Neuphilologen* aufstiegen, übernahmen sie die Methoden der Altphilologen, um durch das Konzept der formalen Bildung das Fremdsprachenlernen zu vertiefen und mit einem neuen Platz in der Hierarchie der Fächer und ihrer Wertschätzung durch die Gesellschaft zu versehen.

Die Einführung des Englischunterrichts in der Volksschule ermöglichte eine Neuorientierung der Zielsetzung und der Vermittlungswege. Die heutige *Angleichung der Lehrpläne* an Gymnasien, Realschulen und Hauptschulen wird dadurch erleichtert, daß der schulpädagogische Ort, an dem der Fremdsprachenunterricht seinen geschichtlichen Ursprung hat, die Realschule ist, eine Schule der mittleren Ebene.

Diskussionszitat:

„Die Gruppe der Schüler, die neusprachlichen Unterricht erhielt, hat sich laufend erweitert. Diese Entwicklung ist durchaus unter ständischen Gesichtspunkten zu sehen. Sie geht von den Söhnen des Adels in den Ritterakademien und den Kindern des gehobenen Bürgertums im Privatunterricht zu den Schülern, die mittlere und höhere Schulen in den Städten besuchten, und zu einzelnen Ansätzen, auch diesen Kreis nach unten zu erweitern. Für fast alle Theoretiker der neusprachlichen Bildung blieb der Bezugskreis die Schülerschaft der höheren Schulen und derjenigen Anstalten, die um ihre Gleichberechtigung kämpften. Der Gedanke einer Erweiterung dieses Bezugskreises tauchte zwar schon früh auf, so bei Ehlers 1766, wurde aber nicht konsequent als Forderung für alle Schüler erhoben und durchdacht." (SAUER, 1968, S. 33)

3. Zur fremdsprachendidaktischen Curriculumforschung

Orientierungsfrage:
Inwieweit sind die Curriculumprojekte in der Bundesrepublik sachlich bestimmte Neuorientierungen für Lehrplangestaltung und Lehrwerkentwicklung oder nur terminologisch kopflastige Theoriebildungen auf ideologischem Hintergrund?

Grundlegung:
Über die Rolle, die der soziale Wandel in der heutigen Gesellschaft bei der Erarbeitung neuer Curricula spielt, ist vielfältig geschrieben worden. Merkmale der neuen Curriculumentwicklung sind die größere *Lehrermitbeteiligung* und der Versuch zum Einbau von *kompensatorischen Lernhilfen*. Die Begriffe der Emanzipation und Kooperation, die für die Gesamtschule programmatisch sind, zeigen das neue Verständnis für den gesellschaftlichen Horizont schulischen Lernens.
Ein Vergleich zwischen den deutschen und angelsächsischen Curriculumprojekten zeigt, daß die Curricula von *Schools Council* und *Nuffield Foundation* zügig vorangetrieben werden, während sich in der Bundesrepublik viele Projekte durch Grundsatzdebatten verzögern.
Die Fremdsprachendidaktik ist durch die fachspezifische Curriculumforschung in mehrerer Hinsicht bereichert worden. So ermöglicht die Forderung nach Konkretisierung im Bereich der *Lernziele* eine Feinanalyse, die der objektiven Leistungsmessung förderlich ist. Der Unterricht in Schülergruppen mit unterschiedlichem Leistungsgefälle bewirkt das Problem der *Differenzierung* und hat mehrere Modelle seiner didaktischen und organisatorischen Bewältigung hervorgebracht.
Die augenblickliche Arbeit zur neusprachendidaktischen Curriculumforschung wird vornehmlich in Arbeits- und Forschungsgruppen der Ministerien, in den Autorengruppen der Verlage und in den Institutionen von Schule und Hochschule geleistet.
Neben der Lehrplan-Innovation für den Fremdsprachenunterricht an Gesamtschulen steht die Kommissionsarbeit für Weiterentwicklung im Bereich der Sekundarstufen I und II. Die Richtlinien-Ausschüsse für die Orientierungsstufe, für die Abschlußprofile der Sekundarstufe I und für die Gestaltung des Fremdsprachenunterrichts der Sekundarstufe II erarbeiten Lehr- und Stoffpläne, die als Ministererlaß den Fremdsprachenunterricht beeinflussen werden.
Der Fixierung der Lernziele am Ende des 10. Schuljahrs kommt eine besondere Bedeutung zu, da dieses Abschlußprofil ein Testfall für die

Angleichung der Lehrpläne der drei Schulformen ist. Die Kommission für die Erstellung des Lehrplans für die Aufbauklasse 10 der Hauptschule in Nordrhein-Westfalen geht davon aus, daß mehrere Absolventen des 9. Schuljahres die Klasse 10 erfolgreich durchlaufen. Die Schwierigkeit der Lehrplanerstellung für die Klasse 10 liegt darin, daß die Anschlußmöglichkeit an ein Aufbaugymnasium, die Eintrittsmöglichkeit in die Fachoberschule und der Weg in die Berufswelt gesichert werden sollen.

Diskussionszitat:
„Da das Lehrwerk ein wichtiger Faktor im fremdsprachlichen Unterricht ist und das De-facto-Curriculum darstellt, sollte man sich bei der Auswahl eines Werkes an folgenden Kriterien orientieren:
Enthält das Lehrbuch Stoffe für eine Integrationsphase, die am Anfang des Schuljahres der Homogenisierung des Leistungsstandes dient?
Sind die Texte geeignet, dem Lernenden als sprachliches Modell zu dienen? (Kontextualisierbarkeit)
Läßt der Inhalt der Texte eine stufengemäße Schülermotivation erwarten? (Altersangemessenheit)
Ist die Sprache authentisch? (Sprachauthentizität)
Sind die Übungen auf die Ausbildung komplexer Fertigkeiten angelegt?
Wird der Transfer durch gezielte Übungen angebahnt und gefördert?
Sind die Lernschwierigkeiten psychologisch richtig verteilt, so daß ein monotones Üben verhindert wird?
Sind die Sprachanforderungen in syntaktischer und lexikalischer Hinsicht auf die besonderen Schwierigkeiten deutscher Schüler ausgerichtet? (Kontrastivität)
Werden Stoffe für differenzierende Maßnahmen angeboten? (Zusatztexte, Originalmaterialien etc.)"
(Kultusministerium des Landes Nordrhein-Westfalen, 1972, S. 15 f.)

4. Zur Linguistik und zu ihren Anwendungen

Orientierungsfrage:
Kann der Fremdsprachenunterricht erheblich verbessert werden, wenn er auf die wissenschaftlichen Grundlagen der Linguistik gestellt wird, oder ist die Linguistik nur bedingt anwendbar und berührt nur einzelne Aspekte des Fremdsprachenlernens?

Grundlegung:
Die neue Linguistik entstand als strukturanalytische Methode der Sprachbetrachtung. Die sprachlichen Phänomene werden als Systeme betrachtet, die in sich und miteinander *funktionsfähige Strukturen* eingehen. Die

phonologischen und grammatischen Seiten der Sprache erschließen sich dem strukturellen Beschreibungsverfahren leichter als die lexikalisch-semantischen. Die neue Linguistik unterscheidet sich von der älteren Sprachwissenschaft weiterhin durch ihre *synchronische* Betrachtungsweise: Anstelle der diachronisch vermittelten und in der Zeit hintereinanderstehenden sprachlichen Längsschnitte werden Querschnitte im Sinne der Zusammenschau der zeitlich nebeneinanderstehenden Sprachformen vollzogen.

Der sprachwissenschaftliche Strukturalismus entwickelte sich parallel mit dem lerntheoretischen Behaviorismus. In den letzten Jahren sind die Annahmen des Behaviorismus und Strukturalismus verstärkt kritisiert worden. Die *generative Transformationsgrammatik* setzt sich durch die Betonung des Prinzips der Kreativität von dem Strukturalismus ab, indem sie darlegt, daß menschlicher Sprachgebrauch nicht primär auf von außen aufgenommenen Mustern beruht, sondern auf kombinatorischen Erzeugungen des angeborenen Sprachbewußtseins. Zugleich kann die generative Grammatik das semantische System stärker berücksichtigen, da in ihrem Konzept von Oberflächen- und Tiefenstruktur der Begriff der *Bedeutung* der Tiefenstruktur zugewiesen wird.

Die linguistischen Forschungen zielen auf mannigfache Anwendungen wie Maschinenübersetzung und computerunterstützte Sprachanalyse. Neben den sprachkritischen und technologischen Auswirkungen ist die Fremdsprachendidaktik nur ein Anwendungsbereich unter vielen anderen.

Die *angewandte Linguistik* hat mehrere Bereiche des Fremdsprachenunterrichts durch Begriffsverfeinerungen verbessert. Sprache ist in erster Linie gesprochene Sprache. Die Unterscheidung zwischen „langue" und „parole" ist die Unterscheidung zwischen Sprache und Sprechen. In der gesprochenen Sprache kommt die Individualität des Sprechers mit seinen Zufälligkeiten zum Ausdruck. Sprachliches Geschehen spielt sich in Kontexten ab. Diese Kontexte sind syntagmatisch, d. h. im Nacheinander, und paradigmatisch, d. h. im Nebeneinander, geordnet.

Die neue Sprachtheorie hat mehrere unterrichtsmethodische Anwendungen zur Folge. Die *kontrastive Analyse* baut eine begründete Fehlerkunde auf. Die Unterscheidung zwischen Phonem und Allophon ist eine Unterrichtshilfe für Schwerpunkte des Aussprachetrainings. Aus der Einsicht, daß Sprachäußerungen in wiederkehrenden Satzbaumustern vollzogen werden, ergibt sich das *Pattern-Prinzip,* das seinerseits die Lehrmaterialien mit *substitution tables* bereichert hat. Wenn auch die *substitution tables* im Sinne einer generativistischen Grammatikauffassung kritisierbar sind, so erleichtern sie doch das praktische Sprachenlernen.

In eben dem Maße, in dem die bisherige Linguistik sich durch ihre Beschränkung auf Untersuchungen von Sätzen und Einheiten unterhalb der Satzebene als in einer *Krise* befindlich begreift (Charles FERGUSON in einem Hauptreferat auf dem 3. Weltkongreß der AILA in Kopenhagen, August 1972), wird die Weiterentwicklung linguistischer Fragestellungen größere Einheiten sprachlichen Verhaltens untersuchen. Die *pragmatische Linguistik* (Pragmalinguistik) durchleuchtet die in der Sprache kodierten Intentionen der Sprachbenutzer und interpretiert Sprechen als Fortsetzung des Handelns mit anderen Mitteln. Gleichzeitig werden diese neuen Untersuchungsgegenstände weniger vom Prinzip sprachlicher *Uniformität* gesehen werden als vom Prinzip sprachlicher *Pluralität*. Das Prinzip der Pluralität wird stärker als bisher soziolinguistische und psycholinguistische Methoden hervorbringen, die ihrerseits das sprachlernende Individuum in seinen jeweiligen Voraussetzungen in den Blick nehmen werden.

Die *Psycholinguistik* untersucht mit psychologischen Methoden die Beziehungen der Sprachelemente. Ihre beiden Richtungen sind die *assoziative und sequentielle Sprachpsychologie*. Eine Kernfrage ist das Verhältnis von linguistisch zu definierender und lernpsychologisch zu erforschender Komplexität von Sprachäußerungen im Aufnehmen und Weitergeben.

Die *Soziolinguistik*, die jüngste Disziplin innerhalb der Linguistik, stellt die Frage, inwieweit der Sprachgebrauch durch das Sozialverhalten und die Sozialverhältnisse beeinflußt und bedingt ist. Die Norm der Sprache wird aufgelöst in Ansprüche der Sub-Sprachen, die sich durch Sprachregister und Sprachkodes äußern. Die sog. BERNSTEIN-*Hypothese* hat eine Beziehung zwischen Sozial-, Sprach- und Lernverhalten aufzuzeigen versucht und dabei den Blick auf die Sprache als eine entscheidende Schaltstelle für die Rolle des Sprachbenutzers in der Gesellschaft gerichtet.

Diskussionszitate:
„Mit *pattern practice* ist eine Unterrichtsmethode für begrenzte Ziele innerhalb der ersten zwei oder drei Lehrjahre — dies ist von den Schulformen bzw. Differenzierungsgruppen abhängig — oder auch im Hinblick auf Intensivkurse für besonders motivierte Lernende gefunden. Da sie mit den Prinzipien der Imitation und Analogie arbeitet, haftet ihr immer etwas Elementares an. Sie ist keine zentrale Lehrmethode. Die zentrale Methode sind nach wie vor Kommunikationsübungen, d. h. die Verbalisierung semantischer Konzepte und die Dekodierung von Sprechakten zu semantischen Resultaten." (HÜLLEN, 1971, S. 102)

„Ein Vergleich von Sätzen des Deutschen und Englischen mit dem semantischen Maßstab kann Nicht-Übereinstimmung im lexikalischen oder im grammatischen Bereich oder in beiden zutage fördern. Die Phrasen *auf der Straße* und *in the street* unterscheiden sich mit *auf/in* lexikalisch, obwohl diese Differenz in der semantischen Summe unwirksam bleibt. Auch die Sätze *Gib mir die Hand* und

Give me your hand unterscheiden sich in *die/your* lexikalisch, ohne daß sich dabei ein Unterschied in der Gesamtbedeutung des Satzes ergäbe. Die lexikalische Information *your* (Zugehörigkeit eines Körperteils) fehlt im deutschen Satz, dürfte aber in der Tiefenstruktur vorhanden sein und also mitverstanden werden." (HÜLLEN, 1971, S. 146)

"Still, it is difficult to believe that either linguistics or psychology has achieved a level of theoretical understanding that might enable it to support a 'technology' of language teaching. Both fields have made significant progress in recent decades, and furthermore, both draw on centuries of careful thought and study. These disciplines are, at present, in a state of flux and agitation. What seemed to be well-established doctrine a few years ago may now be the subject of extensive debate. Although it would be difficult to document this generalization, it seems to me that there has been a significant decline, over the past ten or fifteen years, in the degree of confidence in the scope and security of foundations in both psychology and linguistics. I personally feel that this decline in confidence is both healthy and realistic. But it should serve as a warning to teachers that suggestions from the 'fundamental disciplines' must be viewed with caution and scepticism." (CHOMSKY, 1971, S. 153)

5. Zur Fremdsprachenlernpsychologie

Orientierungsfrage:
Ist die Vernachlässigung der lernpsychologischen Denkweisen im Fremdsprachenunterricht auf die vorherrschende literarisch-philologische Ausbildung der Neusprachler zurückzuführen, oder ist sie in der grundsätzlichen Schwierigkeit begründet, in Sprachlernprozessen die Lernvorgänge aus den Sprachvorgängen herauszulösen und unter eigener Fragestellung zu betrachten?

Grundlegung:
Während die Linguistik ihre Anwendung im Fremdsprachenlernen von sich aus suchte, ist eine gleiche Zuwendung seitens der Lernpsychologie nicht feststellbar. Vielmehr ist es die Fremdsprachendidaktik, die den Anschluß an die Experimente und Erkenntnisse der lernpsychologischen Disziplinen herzustellen hat. Die *traditionelle Methodik* des Fremdsprachenunterrichts ist zu einem großen Teil die Anwendung lernpragmatischer Gedanken, auch wenn die methodischen Leitsätze und Einzelverfahren veralteten Konzeptionen und Dogmatisierungen von Vermittlungstechniken zum Opfer fallen können. Die neue Fremdsprachenlernpsychologie stellt die Prozesse des Lernens erneut in den Mittelpunkt

und fragt, wie die nach Alter, Unterrichtszeit, Leistung und Motivation differenzierten Schüler und Erwachsenen erfolgreich lernen können.

Die Fremdsprachenlernpsychologie befaßt sich mit Bereichen wie Technik der Sprachdarbietung und Verhaltensweisen bei der Sprachaufnahme, beim Behalten und Vergessen, beim Wiederholen und Reproduzieren und bei der freien Anwendung verfügbar gemachten Sprachbesitzes. Zugleich sind Testentwicklungen und neue Verfahren zur Leistungsmessung eng mit der Fremdsprachenlernpsychologie verbunden.

Der *Methodenstreit*, der sich heute zwischen audiovisuellen und gemischten Lernverfahren abspielt, ist in erster Linie eine Auseinandersetzung zwischen unterschiedlichen Auffassungen sprachlicher Lernprozesse.

Folgende lernpsychologische Hypothesen des Fremdsprachenunterrichts können als vorläufig begründet angesehen werden:

a) Das *einsprachige Unterrichtsverfahren*, besonders in Anfangsklassen, ist dem zweisprachigen Verfahren überlegen.

b) Die *implizite Methode* (Gewöhnung) ist der expliziten Methode (Bewußtmachung), besonders bei jüngeren Schülern, überlegen.

c) Wiederholen und *verteiltes Überlernen* im Rahmen immer größer werdender Zeitintervalle sind einer Massierung gleicher Lernvorgänge überlegen.

d) Die nach genau kalkulierter Dosierung vorgenommene *Bekräftigung* ist einer unsystematisch erfolgenden Bekräftigung überlegen.

e) Das Lernen unter Beachtung des *Behaltens- und Vergessenseffekts*, der sich von Gesetzmäßigkeiten der gegenseitigen Hemmung und Störung unterschiedlicher Lernziele als abhängig erweist, ist einem Lernen mit vorwissenschaftlich strukturierten Lernschritten und Sequenzen überlegen.

f) Die *Spiralkonzeption* der freien Sprachanwendung im Sinne der Integration des gerade Gelernten mit dem früher Gelernten ist der *Phasenkonzeption* überlegen, die den Lernvorgang als feste Reihenfolge hintereinanderstehender Lernabschnitte auffaßt.

Ein wichtiges fremdsprachliches Lernprinzip ist fernerhin die *kommunikative Motivierung*. Der Lernende muß erleben, daß seine Sprachanwendung, auch wenn sie im Bereich einfacher Äußerungen liegt, nicht umsonst vollzogen ist, sondern einen gewissen Grad an Wirkung auf Kommunikationspartner ausübt. Es wird vermutet, daß es die kommunikative Folgenlosigkeit der sprachlichen Schüleraktivität ist, die die Lernmotivation beeinträchtigt. Ansätze zur kommunikativen Motivierung sind in der jüngsten Weiterentwicklung der Sprachlaborarbeit zu beobachten. Der Schüler erhält im Anschluß an seine Sprech- und Reaktionsleistung darin eine spezielle Bestätigung, daß ein Tonband-Kommunikationspartner auf die eben gemachte Äußerung eingeht.

Diskussionszitat:
„Inwieweit sind aber Sprachkenntnisse überhaupt nützlich, um die Sprechfertigkeit zu fördern? Wir haben schon gesehen, daß das teilweise auch von der Art der Kenntnisse selber abhängt. Die Kenntnisse der Unterschiede von Fremd- und Muttersprache beispielsweise bilden im Stadium des Spracherwerbs einen recht gefährlichen Besitz. Nur bestimmte Formen des Sprachwissens können in diesem Zusammenhang tatsächlich etwas leisten und nur dann, wenn sie in unmittelbarem Zusammenhang mit dem Sprechen selber erworben worden sind. Welche Arten von Sprachwissen hier nützlich sind, ist eine wichtige Frage, die nur durch systematische, didaktisch-psychologische Untersuchungen beantwortet werden kann. Man versteht meine Darlegungen also sicherlich nicht richtig, wenn man daraus folgern wollte, daß Sprachwissen beim Spracherwerb überhaupt nutzlos sei. Dennoch möchte ich zum Schluß noch auf einen Punkt hinweisen, der häufig zu wenig Beachtung findet. Geläufiges Sprechen, Verstehen, Lesen und Schreiben einer Sprache verlangt eine selbsttätige Aktualisierung von Sprachspuren. Das heißt aber, daß der in einer Fremdsprache geübte Sprecher nicht nur ohne Zwischenschaltung der Muttersprache spricht, sondern auch ohne Zwischenschaltung jeglichen Wissens über die Fremdsprache (einzelne Ausnahmen dahingestellt)." (VAN PARREREN, 1972, S. 126)

6. Zur Literatur- und Gesellschaftskunde

Orientierungsfrage:
Haben Literatur- und Gesellschaftswissenschaft ihren Bezugspunkt auch in der Analyse fremdsprachendidaktischer Probleme, oder folgen sie ihrer eigenen wissenschaftstheoretischen Methodologie?

Grundlegung:
Die Literaturwissenschaft ist für die Didaktik des Fremdsprachenunterrichts auf der Sekundarstufe I nur ein Randgebiet. Allerdings wird die Sekundarstufe II (Kolleg- und Oberstufe) die *Didaktik der Literaturkunde* weiterzuentwickeln haben. Umrißhaft kann gesagt werden, daß die neuen Methoden in der Literaturwissenschaft (linguistische Literaturwissenschaft, Textwissenschaft, Literatursoziologie) die Auswahl der Themen und die Gestaltung der Lehrverfahren beeinflussen.
Im Bereich der Gesellschaftswissenschaft erfolgt eine Neuorientierung der Kultur- und Landeskunde. Aus der früher historisch orientierten Landes-

kunde entsteht eine Gesellschaftskunde, die als Sozialkunde die Reflexion eigener gesellschaftlicher Zusammenhänge im Medium des zielsprachlichen Landes überdenkt.

Eine Wissenschaftstheorie der *Landeskunde im Sprachlernprozeß* kann nur als Integration unterschiedlicher Sachgebiete verstanden werden. Die Fremdsprachendidaktik wählt dabei die landeskundlichen Stoffe für das jeweilige Curriculum aus, wobei das Prinzip der informierten und begründeten Willkür wahrscheinlich nicht ersetzt werden kann.

Insgesamt ist die *Ideologiediskussion* bei der Auswahl literatur- und gesellschaftskundlicher Lernziele und Lerninhalte erforderlich. Die Kritik am bestehenden Curriculum aber muß zur Neuformulierung von Unterrichtszielen führen, die gesellschaftlich begründet und für die Lernenden attraktiv sind.

Diskussionszitat:

„Wo man das literarische Werk wirklich ernst nimmt, muß man jedoch auf die Fragen antworten, die es stellt. Dieses Antworten geschieht dann aber zwangsläufig auch vor dem Hintergrund der eigenen Gesellschaft und Erfahrung. Es findet inmitten der eigenen Gesellschaft statt, in die man hineingeknotet ist, hat jedoch Zeit und Gesellschaft distanzierend und kontrastierend mit zu berücksichtigen, der das jeweilige Literaturwerk selber angehört. Der Lehrer hat den ihm anvertrauten Unterrichtsgegenstand zudem immer im Blick auf die Vermittlung an seine Schüler zu werten, zu sichten und gegebenenfalls auch zu richten, und zwar nicht lediglich im Blick auf die Schüler schlechthin (die es bekanntlich gar nicht gibt), sondern im Blick auf ganz konkrete Schüler in konkreten Verhältnissen und mit konkreten Voraussetzungen." (SCHREY, 1970, S. 13 f.)

Bruno Schneider

Fachdidaktische Überlegungen zum Einsatz von AV-Medien im Fremdsprachenunterricht

0. Der Einsatz von Medien im Fremdsprachenunterricht ist alt: schon zu Edisons Phonographen wurde 1904 in England ein Konversationskurs Französisch vertrieben: „Sie können in einer Woche lernen, wozu Sie bisher Jahre benötigten! Sie lernen automatisch!" (FREUDENSTEIN, o. J., S. 13) Das Medium, so bescheiden es zunächst in seinen technischen Möglichkeiten ist, provoziert sofort den nicht technisierten Unterrichtsstil. Dezenter abgefaßte Texte als die zitierte Werbeanzeige freilich dürfen guten Gewissens die didaktischen Vorteile herausstreichen: *native speaker,* beliebige Wiederholbarkeit, eigenes Lerntempo, bequemes und terminunabhängiges Lernen zu Hause. Diese lange erste *allgemein-didaktisch orientierte Phase* der Gründerzeit wird — in dem Maße, wie Bildung auf breite Schichten erweitert wird — durch eine *bildungstechnologisch orientierte Phase* abgelöst. Medientechnologie ist nur ein Teil der Bildungstechnologie und meint nicht mehr in erster Linie didaktische Optimierung um ihrer selbst willen, sondern fügt sich unter dem Gesichtspunkt einer *bildungsökonomischen Optimierung* in ein Gesamtbildungskonzept: So erkennen wir heute durchaus, daß auch traditionelle Lehrformen didaktisch verbessert werden können, und haben nicht mehr den naiven Glauben, daß programmierte Unterweisung die schlechthin bessere Unterrichtsform sei; gleichwohl wird sich der programmierte Unterricht im Rahmen der tatsächlichen Bedingungen einer demokratischen Massengesellschaft und einer wissenschaftlich-technisch orientierten Leistungsgesellschaft mit ihren höchst differenzierten (Aus-)Bildungszielen als eine sowohl für den einzelnen als auch für die Gesellschaft sehr ökonomische Form der Organisation von Lernprozessen behaupten und weiter durchsetzen. Der finanzielle Aspekt ist hierbei nur ein Gesichtspunkt unter vielen. Mediendidaktik ist heute demnach zu verstehen als Optimierungsaufgabe zwischen pädagogischen und didaktischen Einsichten einerseits und ökonomisch-technologischen Zwängen andererseits. Das zeigt sich in der fachdidaktischen Diskussion klar am Beispiel des Sprachlabors: es ist zweifellos nicht der bessere Lehrer an sich, aufgrund seiner spezifischen

technischen Möglichkeiten erlaubt es aber, auch bei stattlichen Klassenfrequenzen die generelle „Sprechzeit" des einzelnen Schülers gegenüber dem herkömmlichen Klassenunterricht entscheidend zu potenzieren; es erlaubt demgegenüber nicht die sichere und beständige phonetische Betreuung, wie sie dort in der Regel gegeben ist.

Mit großer zeitlicher Verzögerung gegenüber dem Ausland erleben wir nun in Deutschland die dritte Phase: *Medieneinsatz aus fachdidaktischer Sicht.* Von fremdsprachlicher Fachdidaktik im modernen Sinne sprechen wir, wenn

— Feinziele operationalisierbar formuliert sind,
— diese Feinziele in ihrer Abfolge und Interdependenz im Sinne einer Mehrphasentheorie (vgl. z. B. ZIMMERMANN, 1969) lern- und sprachpsychologisch begründet sind,
— jedem Feinziel das hinreichend differenzierte methodische Instrumentarium zugewiesen ist.

Kommt es innerhalb des hier skizzierten fachdidaktischen Kanons zu einem breit angelegten Medieneinsatz unter feinzielorientierten und phasentheoretischen Gesichtspunkten, so sprechen wir von einem *medialen Lehrsystem.* Sind nur einzelne Phasen oder, von Fall zu Fall, Teile der einzelnen Phasen objektiviert, ist aber andererseits der Medieneinsatz dieser Teile aus einer Gesamtstrategie heraus begründbar, so sprechen wir von *objektivierten Mediensystemen.* Immer ist also der Einsatz des einzelnen Mediums nicht nur bezüglich des jeweiligen Lernschrittes begründet, sondern auch im Rahmen einer vorgegebenen Gesamtstrategie verantwortet. Damit ist auch schon gesagt, daß sowohl mediale Lehrsysteme als auch objektivierte Mediensysteme optimal nur im *Medienverbund* zu realisieren sind.

1. Fachdidaktischer Einsatz des Einzelmediums

1.1. Auditive Medien

Dem traditionell konzipierten Lehrbuch waren häufig Schallplatten zugeordnet, auf denen der phonetische Vorkurs und/oder die Basistexte der ersten Lektionen aufgezeichnet waren; Lauttabellen und Lautübersichten sowie die phonetische Transkription von Vokabular und/oder Texten gehören ebenfalls zu dieser heute nicht mehr haltbaren didaktischen

Strategie: Das Wissen um die Bildung der Laute („Lautbeschreibung") im Verein mit dem einwandfreien lautlichen Vorbild (*native speaker* auf Platte) soll gute phonetische Eigenleistung garantieren. Erst die „struktural-globale Methode" nach GUBERINA/RIVENC hat Einsichten der strukturellen Phonologie auch didaktisch realisiert. Heute ist insgesamt das Vertrauen auf die technischen Medien im phonetischen Bereich des Anfangsunterrichts gedämpft. Gleichzeitig treten an die Stelle traditioneller Lehrbücher mehr und mehr Lehrwerke im Verbundsystem, bei denen das Tonbandgerät, wo nicht als Leitmedium, so doch an zentraler Stelle eingesetzt wird. Die bequeme und flexible Handhabung des Tonbandgeräts tut ein übriges, daß die Schallplatte nur noch selten (Einüben von Liedern, Präsentieren von Dichtung) eingesetzt wird. Auch Tonbandaufnahmen haben heute Stereoeffekte: sie erleichtern beispielsweise dem Sprachanfänger die Unterscheidung mehrerer Sprecher im Dialog. Schon sind auch die ersten Bildplatten in Sicht, die Bild und Ton kombinieren können: es ist nur noch eine Frage der Zeit, bis Sprachzeitschriften u. ä. akustisches Zusatzmaterial in dieser Form versenden. Das Tonbandgerät ist heute das gängige auditive Instrument im Sprachunterricht, die anderen Tonträger bieten ihm gegenüber keine zusätzlichen didaktischen Leistungen. Dies gilt auch für den Bereich des Hörfunks, der schulisch meist über Tonbandmitschnitt zum Einsatz kommt. Im außerschulischen Bereich und vor allem im Hinblick auf den privaten Rundfunkteilnehmer bietet der Rundfunk natürlich Vorteile ökonomischer und organisatorischer Natur.

Didaktisch relevant sind die folgenden technischen Möglichkeiten des Tonbandgeräts:

— Das Zählwerk erlaubt gezielte Unterbrechung und Wiederholungen (phonetisches Training, Hörverstehensübungen); eine spezielle Repetierautomatik erleichtert den Schaltvorgang.
— Durch Überspielen auf ein zweites Gerät kann jede Tonbandaufzeichnung (Originale oder Mitschnitte) zu einer sogenannten *exploded version* aufbereitet werden, d. h., die Kopie wird an bestimmten Stellen mit Pausen versehen (Beantwortung von Fragen, Nachsprechen, Überlegen, zusätzliche Hinweise seitens des Unterrichtenden).
— Auf Leerband (bzw. auf einer getrennten Spur) wird die Schülersprechleistung festgehalten (Komparativ-Phase bei phonetischen Übungen und Nachsprechübungen; Schüler-Exposés oder Resümees; Diskussionen; Leseübungen; Dialoge; Hörspiele).

Im Sprachlabor sind diese didaktischen Möglichkeiten technisch optimiert. Im Sprachlabor kommt hinzu, daß jeder Schüler durch Kopfhörer-Mikrofon-Kombination von der übrigen Klasse isoliert ist und der Lehrer

sich bei Bedarf zuschalten kann. Sprachlabormaterialien können auch in speziellen Geräten für Einzellerner eingesetzt werden. Weitere Informationen zum Komplex Sprachlabor entnehme man R. FREUDENSTEIN, *Unterrichtsmittel Sprachlabor*.
Mit der Ausbreitung des Sprachlabors ging die Diskussion der für den Sprachunterricht geeigneten Tonbandmaterialien Hand in Hand. Es gibt kein anderes Element irgendeiner Fachdidaktik, das so breit unter fachlichen (= linguistischen) und lern- und motivationspsychologischen Aspekten untersucht worden wäre wie die fremdsprachlichen Tonbandmaterialien. Sie kommen vor allem in der Phase der „Sprachaufnahme" (Hör-Verstehen, Bedeutungsvermittlung, Funktionserkenntnis lexikalischer und „grammatischer" Elemente) und in der Phase der „Sprachverarbeitung" (Formentraining, Reaktivierung des gelernten Vokabulars in wechselnden Kontexten, Geläufigkeitstraining und Overlearning) zum Einsatz. Einige skizzierte Beispiele sollen die Vielfältigkeit andeuten.

1.1.1. Phonetische Übungen

— Arbeiten mit Minimalpaaren (Erkennen mit Entscheidung: gleich — ungleich; Kontrastieren des phonologischen Systems der Ausgangs- und Zielsprache; Kontrolle auditiver Fähigkeiten).

Englisch	[hi:d]	(heed)	Französisch	[bãd]	(bande)
	[hi:t]	(heat)		[pãd]	(ils pendent)
	[big]	(big)		[i(l)sõ]	(ils sont)
	[pig]	(pig)		[i(l)zõ]	(ils ont)

Kontrastives Beispiel (hier: Englisch und Französisch einerseits gegen Deutsch andererseits):

[diə]	(dear)	[dã]	(dans)	[di:r]	(dir)
[tiə]	(tear)	[tã]	(temps)	[ti:r]	(Tier)
[hi: d]	(heed)	[pã d]	(ils pendent)	[ra d]	(Rad)
[hi: t]	(heat)	[pã t]	(la pente)	[ra t]	(Rat)

— Veränderung von Intonationsverhältnissen und Artikulationsflüssigkeit. Expansionsübung und Reduktionsübung: Ein Satz wird laufend erweitert bzw. verkürzt. Die Erweiterung bzw. Verkürzung wird vom Lehrer vorgenommen (= Imitationsübung) oder muß vom Schüler besorgt werden (= Kontrollübung).
— Nachsprechübungen. Sie sind heute sehr vielgestaltig: Durch eine zwischen Lehrermodell und Nachsprechpause eingeschobene Rückfrage kann zusätzlich zur phonetischen und artikulatorischen Zielsetzung

ein erhöhter Memoriereffekt erreicht, durch ein der Übung vorgegebenes formales oder inhaltliches Auswahlprinzip gleichzeitig eine gewisse Verständniskontrolle garantiert werden, z. B.:

> Wiederholen Sie alles, was X über Y sagt!
> Wiederholen Sie alle Fragen/Antworten/passivischen Sätze/Imperative/ Sätze mit Pronomen.
> Wiederholen Sie alle angenehmen Neuigkeiten/Vermutungen/Beleidigungen usw.

1.1.2. Verstehensübungen

— *Multiple choice* (Beispiel für englischsprachige Schüler mit Zielsprache Französisch):

> You will hear a statement in French. From your answer booklet select the one answer that is most logically deduced from the facts expressed in the oral statement... (Tonband:) Paris est la capitale de la France.
>
> (Schriftliche Vorlage:)   (a) Paris est une grande ville.
>   (b) Paris est situé sur la Seine.
>   (c) Paris est le siège du gouvernement.
> (Richtig angekreuzt:)   (c)
>
> (STACK, 1960, S. 124)

— Konstruktive Antworten: Wenn der zu Gehör gebrachte Text kurz und die sich anschließende Frage so formuliert ist, daß der Lerner aufgrund seiner noch beschränkten Sprachkenntnisse für die richtige Antwort schlechterdings nur auf die eine (vorprogrammierte) Antwort kommen kann, sollte auf ein Verfahren wie im obigen Abschnitt verzichtet werden.
— Reizvoll sind Hörübungen (Beschreibungen, Dialoge, Briefe usw.), die mit Zeichnungen kombiniert sind. Der Schüler hat, etwa nach jedem kleineren Abschnitt, aus drei vorgegebenen Detailausschnitten den zutreffenden auszuwählen. Ein anderes Verfahren besteht darin, daß der Schüler fehlerhafte Stellen auf der Gesamtzeichnung ankreuzt.

Wie auf einer fortgeschrittenen Stufe das Tonband zum Hörverstehenstraining eingesetzt werden kann, zeigen die Ausführungen zum *Corpus d'Orléans* (vgl. Beitrag OLBERT/SCHNEIDER in diesem Buch).

1.1.3. Grammatik

Mindestens für diesen Bereich bieten heute praktisch alle Lehrwerke sogenannte „Sprachlaborübungen" oder „Strukturübungen" an (meist sowohl als Textbuch wie auch auf Band). Es sei daher hier gar nicht erst versucht, eine Auswahl vorzustellen. Nahezu alle Übungstypen, die in diesem Bereich zum Einsatz kommen, so dialogisch und situativ sie immer konzipiert sein mögen, basieren auf dem Prinzip der Analogie, d. h., es werden innerhalb eines einzigen vorgegebenen Musters paradigmatische Ersetzungen (= Substitutionen) vorgenommen, auch wo die äußere Form auf eine Transformation zu deuten scheint (s. SCHNEIDER, 1971; OLBERT/SCHNEIDER, 1972; OLBERT/SCHNEIDER, 1973a und 1973b). Sie sollten möglichst durch „Integrationsübungen" (s. Beitrag OLBERT/SCHNEIDER in diesem Buch!) ergänzt werden.

1.1.4. Gestaltungsübungen

Fremdsprachliche Schülersprechleistungen (Rezitation, Diskussion, Referat, Hörspiel usw.) auf Band aufzunehmen wirkt motivierend auf die Schüler und erlaubt dem Lehrer, ohne den Sprechfluß zu unterbrechen, eine nachträgliche Fehlerkorrektur.

1.2. Visuelle Medien

Wie aus 1.1 zu ersehen ist, hat das Tonband innerhalb des fremdsprachlichen 3-Phasen-Modells sein Einsatzfeld in der 1. und 2. Phase. Bedenkt man zudem, daß die Rolle der technischen Medien bei der phonetischen Schulung eher bescheiden geworden ist, so dient das Tonband vor allem den Arbeitsformen in der 2. Phase. Es sei aber nachdrücklich gesagt, daß auch die Hörverstehensprozesse als passive Fertigkeiten ein eigenes Transfertraining erfordern. Hier leisten Tonbandmitschnitte von authentischen fremdsprachlichen Sendungen oder von spontanen Gesprächen gute Dienste. Nachdem allerdings die Transferphase (Phase 3) in den didaktischen Überlegungen endlich stärker in den Vordergrund tritt, wird man nun doch insgesamt die auditiven Mittler zugunsten der visuellen Mittler in den zweiten Rang verweisen; dies gilt in besonderem Maße für die Transferphase selbst.

„In Pattern-Übungsreihen werden keine semantischen Konzepte enkodiert. Der Lernende wird von der entscheidenden Arbeit des Sprechens, nämlich sprachliche Zeichensysteme zum Ausdruck eines noch vorsprachlichen Konzeptes zu organisieren, entlastet. Dieses ist nur gerechtfertigt im Sinne einer methodischen Aufgabendosierung, die Teilfertigkeiten anstrebt, bevor sie den integrierten Lernvorgang selbst vollzieht. Allerdings darf das Bewußtsein vom Vorläufigkeitscharakter der Pattern-Übungen, der sich gegenüber kommunikativen Sprechakten dadurch ergibt, nicht verlorengehen." (HÜLLEN, 1972, S. 35)

„Die Forderung nach einem situativen oder situationsgerechten Sprachunterricht, die auch in anderen Zusammenhängen bereits oft erhoben worden ist, sollte also, wann immer es möglich ist, wörtlich verstanden werden. Die Situation muß tatsächlich real, imitativ oder im Bild hergestellt werden. So wie es zu den Zielen des Sprachunterrichts gehört, die Beherrschung der Sprache ‚in Wort und Schrift' zu erreichen, so muß es zu den Ausbildungszielen für Sprachlehrer gehören, die Sprachlehrmethode ‚in Band und Bild' zu beherrschen." (WEINRICH, 1972, S. 34)

Ein breiter Einsatz von visuellen Medien rechtfertigt sich somit aus sprach- und lernpsychologischen wie auch aus linguistischen Überlegungen.
Selbst dem Prinzip, wonach dem formalen Sprechtraining (Morphologie und Syntax) gegenüber dem eigentlichen enkodierenden Sprechen (= Versprachlichen von Inhalten unter kommunikativen Aspekten) zeitlich und umfangmäßig der Vorrang einzuräumen sei, wird gerade im Mutterland des Sprachlabors und der audiolingualen Sprachkurse aus empirischer wie theoretischer Sicht widersprochen (z. B. CARROLL, 1966, S. 102 f.; MUELLER, 1971, S. 1085 f.; OLLER, 1971, S. 161 f.).
Was für die Tonträger galt, ist auch bezüglich der visuellen Medien zu sagen: Die technische Vielseitigkeit der einzelnen visuellen Medien ist eine Sache, die didaktisch relevanten Grundfunktionen sind eine andere.

1.2.1. Das unbewegte invariable Einzelbild (Dia, Episkopbild, Wandbild, Foto im Schülerbuch, Transparent für den Arbeitsprojektor). — Es ist bislang hierzulande hauptsächlich für die Phase der Sprachaufnahme eingesetzt worden. Es dient der Bezeichnung (Wortschatzarbeit und die dabei anfallenden elementaren syntaktischen Strukturen): *Dies ist ... Ist das ...? Dies ist kein ..., sondern ...* usw. Bezogen auf die 2. Phase (Sprachverarbeitung), erlaubt das Einzelbild reaktivierendes und integrierendes Üben: Präpositionen, Ortsadverbien, kausale Relationen, Farben und Formen. Für die 3. Phase (Sprachanwendung, Transfer) können durch Gegenüberstellung zweier einigermaßen äquivalenter bzw. kontrastierender Bilder auch komplexere Strukturen geübt werden (Vergleich von Landschaften, Bauwerken, Porträts usw., je nach gewünschtem Wortfeld).

1.2.2. Das variable Einzelbild (Haftelemente, Transparente mit nachträglichen wasserlöslichen Zusatzeinträgen, Aufbautransparente). — Sein didaktischer Wert besteht darin, daß das jeweilige Element des Gesamtbildes erst bei Bedarf erscheint. Die Hafttafel erlaubt zudem, sehr junge Schüler dadurch zu aktivieren, daß sie spielerisch am Bildaufbau beteiligt werden (Lesespiele, Vokabelspiele, Impulse für Strukturübungen).

Beispiel für Strukturübung; Leitgedanke:
What's Susan doing?
1. Stimulus (Schüler S_1 heftet einen Apfel an)
S_2 : She is eating an apple.
2. Stimulus (S_3 bringt eine Tasse Tee an die Hafttafel)
S_4 : She is having a cup of tea.

(vgl. SCHRAND, 1968, S. 40)

Die Wahl visueller Medien sollte also auch altersspezifische Momente berücksichtigen.

1.2.3. Die Bildreihe (Diareihe, gezeichnete Bildgeschichte hektographiert, Transparentreihe, Aufbautransparent). — Die Bildreihe sollte hauptsächlich im Rahmen der 3. Phase eingesetzt werden. Wegen der (effektiv notwendigen, didaktisch aber besonders reizvollen) Auslassungen und Verkürzungen, wie sie für Bildreihen typisch sind, läßt sie der Interpretation Raum, ja fordert diese stellenweise geradezu heraus und begünstigt dadurch wirklich enkodierendes Sprechen. Nicht der Lehrer also sollte einen Musterkommentar vorgeben, der dann von den Schülern mehr oder weniger genau zu reproduzieren wäre (eine reine Memorierübung ohne jeden Transferwert!), sondern die deutenden, fragenden, humorigen Einfälle des Schülers sind als solche, d. h. durch die bloße Tatsache, daß sie überhaupt auftreten, didaktisch interessant. Längere Äußerungen lassen sich in der Regel durch Auslassen bzw. Hinzufügen eines Bildes innerhalb der schon bekannten Serie erreichen. Man kann auch eine Szenenfolge der Hafttafel fotografieren und erhält somit brauchbare Diaserien für den Anfängerunterricht, die zu dem jeweiligen Lehrwerk passen.

Beispiel einer Bildreihe für die 3. Phase

„Der gelöschte Vater" von e. o. plauen

1.2.4. Das bewegte Bild (Videorecorder, Film, Fernsehen, Zeichentrickfilme, Schleifenfilm). — Realistisch gestaltete Filme mit authentischem Dekor werden vorwiegend in der Phase der Sprachaufnahme einzusetzen sein. Günstig hierfür ist eine erste Darbietung ohne Ton. Zeichentrickfilme werden eher im Bereich der 3. Phase ihren didaktischen Ort haben. Realistisch gestaltete Filme dürften, was immer man vorgebracht hat, für die 1. Phase vorzuziehen sein. Die gut zehnjährige Praxis mit *films fixes* (Diareihe bzw. Filmstrip) in Frankreich zeigt, daß Probleme auftreten, sowie das Bild mehr als elementare Zeigefunktionen leisten soll: Gerade, schwierige, abstraktere Sachverhalte (Zeitrelationen z. B.) sollten nicht über ihrerseits abstrakt-typisierte Bildgestaltung vermittelt werden, sondern von einem Maximum an natürlicher situativer Redundanz profitieren. Junge Kinder gehen sehr egozentrisch und spontan mit Bildern um, die Bildersprache der Erwachsenen ist nicht unbedingt die ihrige. Didaktisch unerwünschte Bildredundanz kann durch entsprechende Kameraführung (Großaufnahme statt Totale) und (etwa beim Fernsehfilm) zahlreiche elektronische Tricks (Einblendungen, Überschärfe, Luminositätseffekte usw.) kompensiert werden. Im übrigen sollte die Rolle authentischen Bildmaterials hinsichtlich der kulturellen (konnotativen) Transferenzen und hinsichtlich landeskundlicher Aspekte nicht übersehen werden. Wie das Tonband im Bereich der auditiven Medien, so wird der Videorecorder innerhalb der visuellen und audiovisuellen Medien eine Schlüsselstellung innehaben: Leichtes und präzises Anhalten und Wiederholen einzelner Stellen erlauben es, auch didaktisch nicht aufbereitete Fernsehsendungen nach Mitschnitt sinnvoll in den Sprachunterricht einzubeziehen, von eigentlichen Bastelfreunden ganz zu schweigen.

1.2.5. Zweifellos ist der Arbeitsprojektor als vielseitiges und ökonomisches Instrument anzusehen. Er dient nicht ausschließlich der Projektion von Bildern. Schriftliche Arbeiten (Essays, Resümees usw.), die von einzelnen Schülern auf Folie angefertigt wurden, werden in der Klasse gemeinsam besprochen und korrigiert. „Tafelskizzen" (Schemata, Stichworte, Leitfragen) können durch einen einzigen Handgriff erscheinen, verschwinden und wiedererscheinen. Bei schriftlichen Übungen mit Lückentexten (Englisch: Zeitengebrauch, Orthographie; Französisch: Verbformen, *accord*-Probleme) erfolgt die rasche und übersichtliche Korrektur mittels eines Aufbautransparents. Schrittweises Vorgehen durch Abdecken der noch nicht erwünschten Teile erhöht die Konzentration.

2. Medienverbund im fremdsprachlichen Unterricht

Im strengen Sinn des Wortes gilt gerade für den Fremdsprachenunterricht, daß jeder Medieneinsatz auch Medienverbund bedeutet insofern, als der Lehrer als notwendiges Korrektiv und notwendige Hilfe ständig präsent sein muß. Vollprogrammierter Unterricht im Sinne eines (technischen!) Mediensystems ist sicher in der Sprachverarbeitungsphase möglich und sinnvoll, in der 1. Phase außerordentlich gefährlich und in der Transferphase schlechterdings nicht denkbar. (Audiovisuelle französische Lehrwerke wie *Voix et Images de France, Passport to English, La France en direct* basieren z. B. auf einem kontinuierlichen Abbau des Medienverbunds zur Transferphase hin!) Erinnert sei an die bösen Erfahrungen, die in der Pionierzeit mit vollprogrammierten audiolingualen Sprachprogrammen in den USA gemacht worden sind. In Frankreich hat man seit gut zehn Jahren Erfahrungen mit audiovisuellen Sprachkursen gesammelt. Die wissenschaftliche Kontrolle war jedoch mangelhaft bzw. überhaupt nicht vorhanden. In breitem Umfang haben sich diese Kompakt-Methoden nie durchgesetzt, in Deutschland erst recht nicht. Ihre sprachpsychologischen Mängel sind offensichtlich, der linguistische und lerntheoretische Ansatz erstaunlich modern, die klare Konzeption im Einsatz von Leitmedien ist bemerkenswert. Eine der ersten deutschen Produktionen analoger Art ist *How do you do* (Verlag Schöningh), eine neuere englische Schöpfung *Success with English* (Penguin Education).

Etwas pluralistischer und differenzierter in der methodischen Gestaltung ist das „Lehrwerkverbundsystem" *ENGLISH* (H und G), Verlag Cornelsen & Oxford University Press (1972). Mittlerweile gibt es in Frankreich technisch verbesserte und sehr aufwendige Produktionen (Farbfilme), wie z. B. *En français.*

Die große Masse der deutschen audiovisuellen Lehrwerke besteht aus einem sehr freien Medienverbund, als dessen Leitmedien zweifellos noch immer der Lehrer und das Lehrbuch anzusprechen sind.

Das auditive Medium (Tonbänder für das Sprachlabor) vermittelt in aller Regel Lehreinheiten, die nach ihrer Natur ausschließlich in der 2. Phase anzusiedeln sind und die 1. Phase (Medien: Lehrer und Schülerbuch) somit voraussetzen. Das Bildmaterial, meist zufällig, sporadisch und den ersten Lektionen der Elementarstufe vorbehalten, unterstützt das Leitmedium Lehrer in der 1. Phase der Sprachdarbietung. Für die 3. Phase stehen weder auditive noch visuelle Medien zur Verfügung. Nach dem ersten oder zweiten Unterrichtsjahr wird ohnehin aus dem Lehr*werk* stillschweigend wieder das Lehr*buch.* Bezeichnend ist jedenfalls, daß die in den Verlagskatalogen angekündigten „audio-visuellen Lehrwerke" selten in einem Guß geschaffen sind. Die audiovisuellen Materialien wurden meist nachträglich als *enrichment* entwickelt. Einen ersten Versuch, ein Mediensystem zu konzipieren, das durch seine Phasenbezogenheit (Fernsehen für die Hörverstehensphase, Hörfunk für die Verarbeitungsphase; Lehrer und Zusatzmaterialien sind diesen beiden Hauptphasen verhältnismäßig lose zugeordnet) den Charakter eines mediengerechten Lehrsystems annimmt, stellt der Fernsehkurs *Off we go* dar (seit September 1971). Bei aller Fragwürdigkeit des Grundansatzes wie der Detailgestaltung ist doch der bildungstechnologische Ansatz bemerkenswert. (Vgl. den guten kritischen Kommentar von GUTSCHOW, 1971a) Im übrigen ist zu sagen, daß über Mediensysteme oder gar Lehrsysteme hierzulande allenfalls programmatische Aussagen gemacht werden können.

Wir beschränken uns also darauf, einige Beispiele zum audiovisuellen Medienverbund zu skizzieren (jeweils bezogen auf die 3 Phasen fremdsprachlicher Lernprozesse).

2.1. Phase der Sprachaufnahme: Tonbildschau

Auf einer fortgeschrittenen Stufe ist es zweifellos möglich, für die Stoffeinführung das technische Medium als Leitmedium einzusetzen, so etwa bei einer Tonbildschau mit landeskundlicher Thematik. Die Schüler notieren selbständig das neue Vokabular und benutzen das einsprachige Wörterbuch. Das Bild unterstützt das verbale Verständnis, so wie andererseits genügend lexikalische Vorkenntnisse angesetzt werden dürfen, die sicherstellen, daß die Intentionen des visuellen Mediums erkannt werden. Ein zweiter Durchgang durch die Bildserie (ohne Ton) dient dazu, die mündliche aktive Reproduktion sicherzustellen. Die Schülerleistung wird für Korrekturzwecke auf Band aufgezeichnet (möglichst im Sprachlabor). Daran schließen sich schriftliche Zusammenfassungen und vertiefende Gespräche, die zur 2. Phase überleiten.
Aber auch im Elementarunterricht können wenigstens Teile der Sprachaufnahmephase durch Medienverbund programmiert werden.

Hier ein Beispiel für Nachsprechen (Artikulationsflüssigkeit und Memoriereffekte):

A

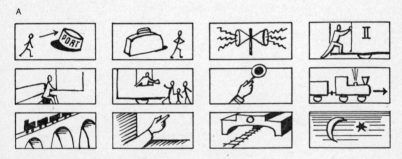

Teil A: Verbindung Zeichen — Text (im Präsens):
Robert cherche un porteur / Sa valise est très grande / Le haut-parleur annonce le départ du rapide / R. monte dans un wagon de deuxième classe / Il occupe une place près de la fenêtre / pour dire adieu à tous / Le chef de gare lève son disque de signal / La locomotive siffle et le train part / Le train traverse le grand pont de Kehl / M. Berger donne des explications / Le train arrive en gare de Strasbourg / La nuit tombe.

B

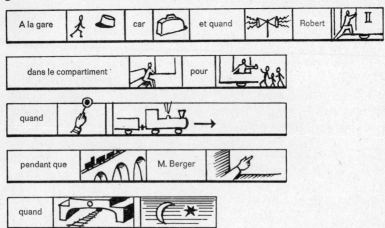

Teil B: Dieser Text wird jetzt, als fortlaufende Handlung begriffen, eingeübt, zunächst jede Bildzeile für sich, bis der Schüler schließlich den gesamten Text zusammenhängend und ohne Stocken sprechen kann (Memorierübung). Für die syntaktische Verknüpfung sind Hilfen gegeben. Der Kontrast Text/Zeichen/Text schafft, wo ein derartiges Verfahren öfters zum Einsatz gelangt, beim Schüler einen intuitiven Blick dafür, daß Konjunktionen und *Complément circonstanciel* im Französischen (im Gegensatz zum Deutschen) keinerlei syntaktische Änderungen zur Folge haben.

C

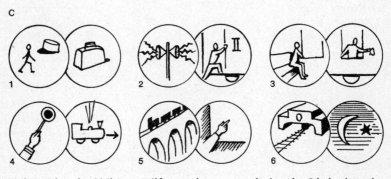

Teil C: Ohne den Teil B zu Hilfe zu nehmen, reproduziert der Schüler jetzt den gesamten Text (von B) ohne Texthilfe. Die Bilder sind entsprechend ihrem syntaktischen oder logischen Bezug zusammengerückt.
Die Teile B und C können auch über Tonband eingeübt werden. Dies bedeutet dann Individualisierung, da jeder Schüler über die Zeichnungen verfügt. Der (akustische) Stimulus besteht einfach aus dem Aufruf der jeweiligen Bildnummer (gekürzt aus SCHNEIDER, 1970, S. 52 f.).

2.2. Phase der Sprachverarbeitung

Auch hier ist es die Tonbildschau, welche die Didaktiker zu Experimenten angeregt hat, vor allem im engeren Bereich der diabegleiteten Strukturübungen, wobei das Dia einerseits Stimulusfunktion hat und andererseits den inhaltlichen Mitvollzug des jeweiligen Satzes und das Verständnis für die Leistung der geübten Struktur sichern oder doch wenigstens unterstützen hilft.

Anweisung: Dans votre livre, vous voyez six dessins. Ces dessins vous montrent ce qui est défendu.
1. Il ne faut pas montrer du doigt.
2. Il ne faut pas entrer dans la piscine sans payer.
3. Il ne faut pas cracher sur la serviette des autres.
4. Il ne faut pas mouiller les autres personnes.
5. Il ne faut pas jouer au ballon quand il y a beaucoup de monde.
6. Il ne faut pas pousser les petits enfants à l'eau.

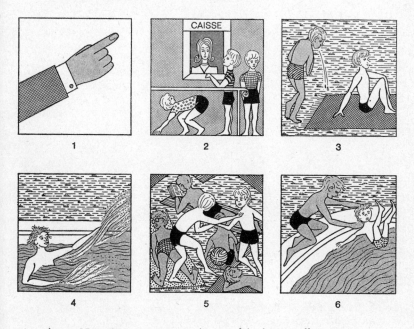

Anweisung: Nous recommençons; mais cette fois-ci, vous allez commencer vos phrases par les mots que vous entendez.
Stimuli: Il est défendu... (de)
         Je ne dois jamais...
         Il vaut mieux... (ne pas)

Il ne faut pas...
Je préfère... (ne pas)
Il est absolument défendu... (de)

Anweisung: Regardez votre livre et apprenez bien ce que veulent dire ces trois dessins.

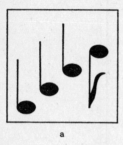 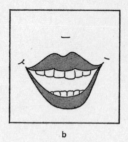 

a b c

Dessin a: chanter une chanson
Dessin b: rire comme un fou
Dessin c: fermer les yeux
Et maintenant regardez le dessin No 1. Vous voyez Daniel qui fait la queue.
Alors vous dites: Et en faisant la queue, il chante une chanson.
A vous maintenant.

L: No 2 — Il se déshabille dans la cabine.
S: Oui, et en se déshabillant, il chante une chanson.
L: No 3 — Il met le maillot.
S: Oui, et en mettant le maillot, il rit comme un fou.
L: No 4 — Il prend une douche.
S: Oui, et en prenant une douche, il ferme les yeux.
Etc. (Text aus: OLBERT/SCHNEIDER, 1973 b, Leçon 26, unité 2)

2.3. Weiterführende Literaturhinweise

Weitere Beispiele sowie Beispiele zur Phase der freien Sprachanwendung (Transferphase) entnehme man OLBERT/SCHNEIDER, 1973 a und b (woraus auch die vorstehenden Beispiele stammen); PELZ, 1971; SCHRAND, 1968; den CREDIF-Methoden, den audiovisuellen Methoden bei Hueber/ Didier, Schöningh, Lensing, Cornelsen, Klett und anderen Verlagen. Zu technischen Aspekten geben HEINRICHS, 1971 und 1972; ANDERSEN/ SÖRENSEN, 1972; KRUMM, 1972, erste Hinweise. Anregungen für die Selbstherstellung von visuellem Unterrichtsmaterial für den Fremdsprachenunterricht geben LEE/COPPEN, ²1970, besonders wertvoll sind die dort vermerkten bibliographischen Angaben über didaktische Literatur und Unterrichtsmaterialien. Bemerkenswerte audiovisuelle Fremdsprachenlehrwerke sind das Primarstufenlehrwerk *Look, Listen and Learn* (Langenscheidt/Longmann), das eine etwas andere Konzeption vertritt als die (etwas älteren) französischen Äquivalente *Bonjour Line* und *Frère Jacques*, ferner *The Turners* (Longman) und *English Now* (Langenscheidt/Longman), die alle über Langenscheidt/Longman bezogen werden können, *Learning English — Modern Course* (für die Orientierungsstufe; in Herstellung), *Etudes Françaises — Cours de base* (für den Französisch-Anfangsunterricht) und *A vous de parler. Initiation à la conversation courante* (für den Einsatz ab 4. Unterrichtsjahr), die alle drei bei Klett erschienen sind, und schließlich *Success with English* (Penguin Education). Für den Bereich Englisch sei noch auf den Prospekt *English Language Teaching* (1972) von Langenscheidt/Longman verwiesen, für den Bereich Französisch auf den Katalog DIDAC (Hachette) und auf die diversen Spezialkataloge der *Documentation Pédagogique* bei DIAPOFILM (Paris) und die Listen des B. E. L. C. (Paris).

Zu vermerken bleibt, daß das IFS (Informationszentrum für Fremdsprachenforschung, 355 Marburg, Liebigstraße 37) seit kurzer Zeit gezielte Dokumentationen über verfügbare audiovisuelle Lehrmaterialien publiziert (im Hueber Verlag, München). Schleifenfilme für den Sprachunterricht: Institut für Film und Bild, Westermann und Langenscheidt/ Longman.

Klaus-Dietrich Urban

Die Verarbeitungsphase neueingeführter Strukturen im AV-Unterricht — Passport to English, Junior Course, Unit 9

1. Zur Einführung

Die nachfolgende Abhandlung stellt die reflektierte Beschreibung des Strukturunterrichts innerhalb einer audiovisuellen Lektion dar. Sie soll diese Phase des Unterrichts verständlich machen, zu weiterführender Kritik anregen und, wenn möglich, zum Unterricht nach der gleichen Methode stimulieren. Die Unterrichtsbeschreibung soll zeigen, wie ein Medienverbund von Sprachlabor, Dia-, Arbeitsprojektor, Flanelltafel mit Haftelementen und Schreibbögen praktiziert werden kann.
Die besprochene Durchnahme einer besonderen Sprachlaborübung, deren Mißlingen simuliert wird, soll die Grenzen des Sprachlaboreinsatzes aufzeigen und Aufbereitungsmöglichkeiten einer fehlgeschlagenen Sprachlaborstunde demonstrieren.
Die Einbettung der Strukturstunden in das feste, wenngleich nicht starre Zwölf-Stunden-Schema einer audiovisuellen Lektion soll eine Unterrichtskonzeption verdeutlichen, welche aus dem Wirrwarr der oft widersprüchlichen Lehrerhandbuchdoktrinen der AV-Kurse herausführt.
Den AV-Unterricht praktizieren wir seit 1968 und unterrichten jetzt mit *Passport to English, Junior Course I and II* (Hueber/Didier) sowie mit *Voix et Images de France I*^{er} *degré* (Didier/Credif) bzw. in den 9. Klassen mit *9 Leçons de transition* (Didier/Credif).
Wir unterrichten, wie ZIMMERMANN (1972) es in seinem Lehrerhandbuch zu *Passport to English, Junior Course I* (im folgenden: *Passport-Junior*) empfiehlt, nach der Methodik der CREDIF-Tradition, unterscheiden uns aber von dieser hinsichtlich der Einführung der Schrift (vgl. S. 46, 4. Unterrichtsstunde). Wir führen Lesen und Schreiben nicht mit einer Phasenverschiebung vom Mündlichen von 4—12 Lektionen ein, sondern direkt nach Abschluß der mündlichen Memorisierung des Lektionsdialogs.

Nach dem Modell der Unterrichtstafeln aus *Implementing Voix et Images de France in American Schools and Colleges* (REINHARD/HEINLE, 1967) haben wir in enger Anlehnung an die CREDIF-Methode unser Zwölf-Stunden-Schema zum Unterricht einer audiovisuellen Lektion entwickelt.

2. Passport to English, Junior Course, ein AV-Kurs in der CREDIF-Tradition

2.1. Beschreibung von Passport-Junior

Passport-Junior besteht aus einem Basiskurs von (ursprünglich) zwei Jahreslehrgängen mit je 24 Lektionen, Units genannt, und zwei annähernd fertiggestellten Fortsetzungskursen III und IV.

Hauptunterrichtsmedien: Dias und Tonbänder zu Dialogtexten und Sprachlaborübungen, Transparente, Haftelemente

Sekundäre Medien: Lehrbuch mit Bildern und Text, Übungen, Worksheets und Testbögen

Jede Unit besteht aus Teil I, dem Dialogteil — Fundamentum —, und aus Teil II, dem zusätzlichen Leseteil — mögliches Additum. Der Kern, der Dialogteil, besteht aus jeweils 14 Dias und dazugehörigen auf Tonband gesprochenen Sätzen bzw. Satzteilen. Die Dialoge sind für Schüler der 5., 6. und 7. Klasse konzipiert. Obwohl die Bilder sehr einfach gezeichnet sind und u. E. farblich nahezu häßlich aussehen, sprechen sie bei den Schülern der Orientierungsstufe an.

Im Lehrerhandbuch (ZIMMERMANN, 1972) wird zunächst eine allgemeine Einführung in die AV-Methodik der CREDIF-Tradition geboten (S. 1 bis 28) und anschließend pro Lektion im Detail:

    1. Didaktische Analyse der Sprachbestände
    2. Bezeichnung des Unterrichtsgegenstandes
    3. Lernzielkatalog
    4. Methodische Hinweise
        4.1. zur Vorführphase
        4.2. zur Erklärphase
        4.3. zur Verarbeitungsphase der Strukturen
        4.4. zur Bewerkstelligung des Transfers

2.2. Charakteristika der in der CREDIF-Tradition stehenden AV-Kurse

ZIMMERMANN bezeichnet in seinem Lehrerhandbuch (s. o.) mit Recht *Passport-Junior* als einen in der CREDIF-Tradition stehenden AV-Kurs. Mit *Passport-Junior* gehören u. E. folgende bekannten AV-Kurse, welche gleiche gemeinsame Charakteristika haben, zu diesen CREDIF-ähnlichen oder CREDIF-Kursen:

Voix et Images de France	CREDIF
De Vive Voix	CREDIF
Bonjour Line	CREDIF
La France en direct	Hachette
En Avant	Nuffield Foundation/Arnolds Leeds
Vorwärts	Nuffield Foundation/Arnolds Leeds
A.V. Anglais, Filipovic-Webster	Didier
Passport to English, Senior	Didier
Direct Contact	Ivac/Belgien
Passport to English, Junior Course	Hueber/Didier

All diesen Kursen kann man die Hauptcharakteristika der typischen CREDIF-Kurse oder CREDIF-Nachfolgekurse zusprechen:
— Das Kernstück des Kurses ist der Lektionsdialog.
— Hauptunterrichtsmedien sind Dia und Tonband.
— Die Grundkurse verfügen über einen wissenschaftlich erarbeiteten Grundwortschatz von maximal 1000 Wörtern.
— Diese AV-Kurse verfügen über eine — im Vergleich zum fast zu knappen Grundwortschatz — sehr große Anzahl von Grundstrukturen der gesprochenen Sprache.
— Diese Kurse erstreben als erstes, wichtigstes globales Lernziel das Beherrschen der gesprochenen Umgangssprache.
— Diese Kurse stellen bewußt das Beherrschen des Lesen- und Schreibenkönnens hinter jenem ersten Ziel zurück.
— Für diese Kurse verlangen die Methodiker der Lehrerhandbücher ausnahmslos das Einhalten einer besonderen Reihenfolge im Lernprozeß, nämlich: Hören, Sprechen, Lesen, Schreiben.

Die Methodiker dieser Kurse fordern ausnahmslos vom Lehrer
— globales Vorführen des Dialogs,
— Verständlichmachen des Dialogs,
— intonatorisches, dann phonetisches Einschleifen des Dialogs,
— Memorisieren des Dialogs,

— Manipulieren der Dialogstrukturen, das Frei-verfügbar-Machen,
— Üben des neuen Wort- und Strukturbestandes in Minimalsituationen, losgelöst vom Lektionsinhalt,
— Üben des neuen Wort- und Strukturbestandes in Maximalsituationen, losgelöst vom Lektionsinhalt (die beiden letzten Punkte sind nicht immer klar differenziert).

3. Der Strukturunterricht einer audiovisuellen Lektion im Rahmen eines für die Praxis erstellten Zwölf-Stunden-Schemas

Semantik, Intonation, Phonetik, Strukturunterricht und Transfer haben in der Methodik nach der CREDIF-Tradition in Theorie und Praxis u. E. zu Recht einen ganz bestimmten Stellenwert, müssen im Sinne einer größtmöglichen Zeitökonomie und maximalen Effizienz in einer bestimmten Reihenfolge gelehrt werden.
Da die Reihenfolge des Unterrichtens generell die gleiche bleibt und der Unterrichtsstoff pro Lektion annähernd gleichen Umfang hat (14 Dias jeweils pro Lektion), erscheint es für die Klarheit der Darstellung nützlich, ein Unterrichtsschema für eine AV-Unit Passport-Junior zu erstellen.
In einem Zwölf-Stunden-Schema zur AV-Lektion *Passport-Junior* steht die Verarbeitungsphase neueingeführter Strukturen für die 5., 6., 7. und 8. Unterrichtsstunde an. Dieses Schema ist gedacht für mittelgute bis leistungsschwache Klassen sowie B- und C-Kurse der Hauptschulen und kann bei A-Kursen, Realschul- und Gymnasialklassen um 1—3 Stunden verkürzt werden.
Das feste Schema soll nicht starr sein, jedoch eine Hilfe für Unterrichtskoordination mindestens im Rahmen einer Schule bieten. Man kann einen Phasenteil dehnen oder straffen, sollte allerdings die aus der AV-Methodik und -Praxis stammende Reihenfolge der Phasen unbedingt beibehalten.

Das Zwölf-Stunden-Schema einer audiovisuellen Lektion:
  1. Stunde: 1. Segment mit ca. 5 Dias und entsprechenden 5 Dialogteilen (5. Schuljahr)
  2. Stunde: 2. Segment mit ca. 5 Dias und entsprechenden 5 Dialogteilen
  3. Stunde: 3. Segment mit ca. 5 Dias und entsprechenden 5 Dialogteilen

4. Stunde: Wiederholung der Memorisierung des gesamten Dialogs, Rollenspiel (anschließend Einführung des Schreibens der Lektion)
5. Stunde: ⎫ Beschreibung strukturträchtiger Bilder und Strukturübungen
6. Stunde: ⎪ in der Vorlaborphase, Laborphase, Nachlaborphase
7. Stunde: ⎨ strukturträchtiges Bild 1 und Strukturübung in Vor-, Labor-
8. Stunde: ⎭ und Nachlaborphase, strukturträchtiges Bild 2 usw. usw.
9. Stunde: a) Fragen und Antworten zur Summary
   b) Summary
10. Stunde: Transfer der neuen Strukturen in Maximalsituationen
11. Stunde: Test
12. Stunde: Auswertung des Tests

4. Der Strukturunterricht im Lektionszusammenhang Unit 9

4.1. Der Lektionstext mit Bildern (die neuen Strukturen sind unterstrichen)

IN THE STREET

Aunt Jane: Oh, is that you, Margaret?

1

Aunt Jane: What are you doing?

2

Aunt Jane: *You're not going to school, are you?*
(Struktur II)

Margaret: Of course not, it's Saturday.

Margaret: *I'm going to Jane's house.*
(Struktur I)

Margaret: *We meet at her place every Saturday.*
(Struktur III)

Aunt Jane: Every Saturday?

Margaret: Well, nearly.

Margaret: There are four of us.

Margaret: *We play games, we sing pop songs.*
(Struktur III)

Margaret: *And sometimes we watch television.*
(Struktur III)

Aunt Jane: Why is it always at the same place?

Margaret: Because Jane's house is very big.

Margaret: *Her parents lend us a room.*
(Struktur III)

4.2. Die ersten vier Unterrichtsstunden

1. Unterrichtsstunde
Unterrichtsgegenstand: Segment 1/Bilder 1—5
Lernziele
1. Die Schüler sollen die Dialogteile des 1. Segments verstehen.
2. Die Schüler sollen die Dialogteile des 1. Segments imitatorisch memorial beherrschen (auswendig können, spielen können).
3. Die Schüler sollen das Segment lesen können.

Methodischer Weg
1. Globale Vorstellung mit Dias und Tonband, zweimal, ohne Lehrerkommentar, ohne Nachsprechen durch die Schüler. Diese Unterrichtsphase erfolgt günstigstenfalls — *im Sprachlabor* — ohne Kabinen.
2. *Im Kontaktunterricht,* ohne Kopfhörer — Vorstellen des Dialogteiles Satz für Satz durch das Tonband mit Dias synchron, das Dia wird etwa eine Sekunde vor Abspielen des Tons (zweimal) aufgeblendet. Semantische Erklärung des neuen Wortbestandes primär mit Hilfe der Bildelemente. Erst wenn Bildelemente nicht ausreichen, Einsatz der anderen Praktiken der direkten Methode.
3. *Im Kontaktunterricht* — Individuelles phonetisches Einschleifen Satz für Satz mit bestmöglicher Ausnützung des Tonbandmusters nach der „phonetique corrective". Bei Fehlern geht man zurück bis auf den falschen Laut, stellt z. B. das [z] dem [s] diskriminierend gegenüber, läßt das richtige Wort, z. B. „Jane's", nachsprechen, dann den richtigen Sprechtakt, z. B. „Jane's house". Dann nach Lehrermuster den Satz, z. B. „I'm going to Jane's house", dann Tonbandmuster „I'm going to Jane's house".
4. *Im Laborunterricht* — (falls möglich) Nachsprechen des Tonbandmusters durch die ganze Klasse, einmal oder zweimal, mit erneutem Aufzeigen der Bilder.
5. *Im Kontaktunterricht* — Wiederfinden des Dialogs mit Hilfe der Bilder. Stimulus situativ *nicht* formal, also nicht: „Find the dialogue", sondern: „You are Jane, speak!"
6. Nachlesen des Textes bei aufgeschlagenem Buch — *Laborunterricht* — zunächst nach Tonbandmuster.

Hausaufgabe: Lesen und Auswendiglernen des ersten Segments.

2. und 3. Unterrichtsstunde
Diese Stunden zur Durchnahme eines 2. und 3. Segments verlaufen wie die erste Unterrichtsstunde. Am Anfang jedoch, entsprechend der deutschen Schulsituation, wird zur Wiedergewöhnung an die Fremdsprache

das in der vorhergehenden Stunde Memorisierte mit Bildern und Tonbandmuster unzensiert wiederholt. Anschließend erfolgt die Kontrolle der Hausaufgabe, hier das Aufsagen des daheim gelernten Dialogteils.

4. Unterrichtsstunde

In der 4. Unterrichtsstunde wird der Text zunächst linear, Bild für Bild, Zeile für Zeile, wiederholt, danach im Dialog, nach gruppenweisen Vorübungen im Rollenspiel vor der Klasse. Bei diesem Rollenspiel sollten die auf den Bildern ersichtlichen extralingualen Elemente — also englische Gestik und Mimik — berücksichtigt werden.

In dieser Spielstunde — sehr beliebt bei 10- bis 13jährigen, weit weniger geschätzt von pubertierenden Schülern — bleiben, da die Passportdialoge klein sind, 10 bis 20 Minuten Zeit zur Einführung der Schrift zu den neuen Wortbeständen der Lektion.

Zur praktischen Durchführung dieser Unterrichtsphase empfiehlt sich das Erstellen von Schreibbögen auf Matrizen (die unter den Kollegen ausgetauscht werden können).

Modell eines Schreibbogens zur Unit 9/I

1. Oh, is — — — you, Margaret?   1 a) —, — that — —, — — —?
2. What are you doing?   2 a) — — — — — — — — —?

Die neuen Wörter läßt man von rechts nach links übertragen.

Im nächsten Arbeitsgang teilt der Lehrer, nach Einsammeln der ersten Arbeitsbögen, die linke Hälfte der in doppelter Anzahl zur Klassenstärke vorhandenen Arbeitsblätter aus. Die Schüler füllen die Lücken nach dem Gedächtnis aus.

Hausaufgabe: Ausfüllen der rechten Hälften der Arbeitsbögen.

5. Die Verarbeitungsphase der neueingeführten Strukturen

5.1. *Voraussetzung zum Strukturunterricht der Lektion*

Die Schüler können den Lektionsdialog fließend auswendig hersagen, ihn lesen und schreiben. Sie haben die neuen Strukturen im Textzusammenhang — aber nicht für sich isoliert — verstanden und memorisiert.

In Unit 9/I handelt es sich um die Strukturen (ZIMMERMANN, 1972, S. 84):

    I. "I'm going to *Jane's house.*"
    II. "*You're not going to school, are you?*"
    III. "*We meet at her place every Saturday.*"

5.2. Unterrichtsziel

Allgemein:
Die Schüler sollen die neuen Strukturen aus dem Lektionszusammenhang gelöst in neuen Situationen richtig einsetzen können — mündlich und auch schriftlich.
Konkret zu den 3 Strukturen der Unit 9:

Zu Struktur I: (ZIMMERMANN, 1972, S. 85) „Die Schüler sollen beim Zeigen eines Gegenstandes und einer Person (auch Haftelemente) auf die Frage: ‚What's that?' eine Antwort unter der Verwendung der ‚s'-Form des Substantivs geben können."

Zu Struktur II: (ZIMMERMANN, 1972, S. 87/4. Substitutionstafel) „Die Schüler sollen das ‚tag-ending' zur Verlaufsform — you're not..., are you? — auch mit den anderen Formen des ‚present continuous' bilden können" (sinngemäß erstellt).

Zu Struktur III: (sinngemäß nach ZIMMERMANN, 1972, S. 84/Lernziele 3.1.) „Die Schüler sollen in begrenztem Rahmen die Formen des ‚simple present' und des ‚present continuous' mit Ausnahme der 3. Person Singular Präsens mündlich und schriftlich verwenden können. — Der begrenzte Rahmen bezieht sich auf die Wortbestände der Übungen S. 89 und 90 des Lehrerhandbuches."

Hinweise auf den methodischen Weg zum Lehren der neuen Strukturen für die Stunden der Verarbeitungsphase (Stunden 5—8) bietet das Lehrerhandbuch (zu Unit 9, Seite 86 ff.).

5.3. Medien und Materialien zur Erreichung der Unterrichtsziele

Der Medienverbund zum Strukturunterricht der Sprachanfängerklassen erscheint empfehlenswert mit den Geräten:
    Sprachlabor
    Diaprojektor
    Arbeitsprojektor
    Hafttafel
mit den Materialien:
    Tonbänder zu Dialog- und Strukturübungen
    Dias zu Dialog- und Strukturübungen
    Zeichnungen zum Einsatz von Haftelementen

Transparente für Arbeitsprojektor
Haftelemente zur Hafttafel
Schreibbögen zur Nachbereitung der Laborübungen
Schreibbögen zur Einführung der Schrift

1

Teacher: — Is this your football? —
Pupil: — No, it's Richard's football. —

2

Teacher: — Is this your sister? —
Pupil: — No, it's Andrew's sister. —

3

Teacher: — Is this your house? —
Pupil: — No, it's Aunt Jane's house. —

4

Teacher: — Is this your friend? —
Pupil: — No, it's Margaret's friend. —

5

Teacher: — Is this your garden? —
Pupil: — No, it's Alan's garden. —

6

Teacher: — Is this your room? —
Pupil: — No, it's Harry's room.

Bilder zur Sprachlaborübung Unit 9 Ex. 1

5.4. Die fünfte Unterrichtsstunde

Unterricht zur Struktur I: "I'm going to Jane's house."
Medien

(in der Abfolge des Einsatzes):	Materialien:
1. Diaprojektor	1a) Dia 9/5
2. Buch und Arbeitsprojektor	2a) Strukturübung Ex. 1
3. Arbeitsprojektor — Sprachlabor	2b) Transparent zu Ex. 1
4. Flanelltafel und/oder Diaprojektor	3a) Transparent zu Ex. 1
	3b) Tonbandübung Ex. 1
	4a) Haftelemente zu Unit 9
	4b) Lektionsdias Unit 1—9 (eine Auswahl davon)

Die Lernschritte zur Durchnahme der Struktur I "... Jane's house".

Vorlaborphase (Kontaktunterricht)

Bildbeschreibung des strukturträchtigen Bildes Dia 5/Unit 9, mündend in der global gelernten Frage (Unit 5):
Lehrer: "Do you know what she's saying?" und der entsprechenden Antwort der Schüler: "I'm going to Jane's house."
Re-Memorisierung des Struktursatzes:
In Verbindung mit einer Ausspracheschulung (Wiederholung) läßt man den Struktursatz von 10—15 Schülern nacheinander nachsprechen und somit — abschließend als Sprechchor der Klasse — erneut memorisieren.
Überleitung zur *Sprachlaborübung Unit 9 Ex. 1* zunächst im Kontaktunterricht.
Lehrer zeigt auf "Jane's house" (Dia 9/5).
Frage an Schüler 1: "Is this your house?"
Schüler 1: "No, it's Jane's house."
Lehrer schaltet Diaprojektor ab und schaltet Arbeitsprojektor mit dem ersten Übungsbild auf dem Transparent ein.
Durchführung der Sprachlaborübung im Kontaktunterricht.
Lehrer fragt: "Is this your football?" (vgl. S. 48).
Lehrer zeigt auf Richards Bild (projiziert mit Arbeitsprojektor).
Schüler 2: "No, it's Richard's football."
Lehrer zeigt auf Margaret, Andrew's Schwester (projiziert).
Lehrer fragt: "Is this your sister?"
Schüler 3: "No, it's Andrew's sister." usw. usw.
So werden alle Beispiele der Sprachlaborübung unter Beibehaltung der angegebenen Reihenfolge im Kontaktunterricht durchgenommen. Zu-

nächst gibt man den Schülern viel Zeit zum Überlegen, danach steigert man das Tempo. Erst wenn es sicher ist, daß alle Schüler die Übung beherrschen, wird zur Laborarbeit übergegangen.

Laborphase (hier Einsatz des Sprachlabors mit Arbeitsprojektor)

Die Übungsanweisung zur Laborübung erfolgt im Kontaktunterricht. Bei der Laborübung wird ohne Vorspann sofort mit der Übungsanordnung begonnen.

Tonbandstimme:	"Now you"
Tonbandstimme (1):	"Is this your football?"
	(Schüler sehen Richards Ball)
Die Schüler:	"No, it's Richard's football."
Tonbandstimme:	"No, it's Richard's football."
Schüler wiederholen:	"No, it's Richard's football."
Bild (2)	
Tonbandstimme:	"Is this your sister?"
	(Schüler sehen Andrew's sister)
Die Schüler:	"No, it's Andrew's sister."
Tonbandstimme:	"No, it's Andrew's sister."
Schüler wiederholen:	"No, it's Andrew's sister."
Bild (3)	
Tonbandstimme:	"Is this your house?"
	(Schüler sehen Aunt Jane's house)
Die Schüler:	"No, it's Aunt Jane's house."
Tonbandstimme:	"No, it's Aunt Jane's house."
Schüler wiederholen:	"No, it's Aunt Jane's house."
usw. usw.	

Bei dieser leichten Übung erübrigt sich eine erneute Wiederholung, welche man bei einer anderen Übung, etwa Ex. 2 Unit 9, empfehlen muß. Der Lehrer hatte während der Sprachlaborübung die Schüler beobachtet und sich in die verschiedenen Plätze eingeschaltet, konnte also hören, ob auch die schwachen Schüler richtige Antworten formulieren konnten.

Nachlaborphase (im Kontaktunterricht mit der Klasse)

In der Nachlaborphase sollen die Schüler nach der Musterstruktur neue Sätze selbständig bilden.

Stimuli dazu: a) Klassenzimmersituation. Tom. Book. Tom's book...
b) Zusammenstellung von Dias aus vorhergehenden Units.
c) Haftelemente zur Flanelltafel (ZIMMERMANN, 1972, S. 90 c).

In der Nachlaborphase wird also die eingedrillte Struktur bereits in Minimalsituationen transferiert (übertragen). Das Finden weiterer Beispiele eines solchen Transfers in Minimalsituationen erleichtert indirekt das Lehrerhandbuch.

Aus den Tabellen zur Analyse der Wortbestände am Anfang einer jeden im Lehrerhandbuch besprochenen Lektion (Unit) entnehmen wir aus den Spalten „Substantive" und „Namen" von Unit 1—9 unter Abzug der hier unbrauchbaren Abstrakta:

19 Sachsubstantive:

room, tea, cup, kitchen, biscuit, table, tea-pot, television, cupboard, study, garden, tree, coat, roof, sitting-room, window, school, football-ground und garden (hinzu kommt ein Klassenvokabular: chalk, board ...);

sowie 22 Namen, Personen- und Tierbezeichnungen:

Harry, Richard, Andrew, Margaret, Mrs. Hay, Mr. Hay, Gyp, Jane, Alan Smith, brother, sister, Mummy, Daddy, parents, aunt, friend, footballer, goalkeeper, wing, back, dog und cat (hinzu kommen die englischen Vornamen der Schülerinnen und Schüler).

5.5. Die sechste Unterrichtsstunde

5.5.1. Erster Teil der Stunde

Unterricht zur Struktur II: *"You're not going to school, are you?"*

Medien
(in der Abfolge des Einsatzes):   Materialien:
1. Diaprojektor   1a) Dia 9/3
2. Arbeitsprojektor   2a) Transparent zu Ex. 2-Drill
   und Tonbandskriptum   2b) Strukturübung
3. Arbeitsprojektor   3a) Transparent zu Ex. 2-Drill
   und Sprachlabor   3b) Tonband zu Ex. 2-Drill

Der 1. Teil (35 Minuten) der 6. Unterrichtsstunde verläuft ganz ähnlich wie der Unterricht in der 5. Stunde. Auf eine Darstellung wird daher hier verzichtet.

5.5.2. Zweiter Teil der Stunde — die Nichtbewältigung eines Sprachlabordrills

Bei oberflächlicher Betrachtung des Drills Unit 9, Exercise 3 zur gleichen Struktur: "You're not..., are you?" bzw. ähnlichen Struktur: "He's not..., is he?" könnte man zur Auffassung gelangen, Exercise 3 schließe unmittelbar an Exercise 2 an, zumal man in den verbleibenden 10 Minuten der Stunde die Struktur „erledigt" haben könnte mit unmittelbarem Einsatz des Sprachlabors. Folge: *Falsche Durchnahme des Sprachlabordrills, weil die Vorlaborphase ausgelassen wurde.*

Medium:　　　　　　Material:
4. Diaprojektor　　　4a) Tonband Ex. 3

Zum Unterrichtsverlauf:
Der Schüler hört direkt über Kopfhörer vom Band die Übungsanweisung:
　　"Look at the picture"
　　"Mrs. May is asking you questions"
　　"There are two examples"
Lehrer projiziert Bild 1 Ex. 3
(Beschreibung von Bild 1 Ex. 3: Das Bild zeigt Richard, der in die Schule geht. Dem Bilde sind wie in Ex. 2 die Codezeichen „×" und „?" hinzugefügt, die Zeichen für fragende Verneinung)

Tonbandstimme Mrs. Hay:	"Richard's not going to school, is he?"
Tonbandsprecher Nr. 2:	"Richard's not going to school, is he?"
Tonbandstimme Mrs. Hay:	"Richard's not going to school, is he?"
Tonbandsprecher Nr. 2:	"Here's another example."
Tonbandstimme Mrs. Hay:	"Margaret's not playing football, is she?"
Tonbandsprecher Nr. 2:	"Margaret's not playing football, is she?"
Tonbandstimme Mrs. Hay:	"Margaret's not playing football, is she?"
Tonbandsprecher Nr. 2:	"Now you're Mrs. Hay."

Lehrer projiziert erneut Bild 1 (Rest der Bilder verdeckt)
(1)
Schüler als Mrs. Hay: "Richard's not going to school, is he?"
Tonbandstimme: "Richard's not going to school, is he?"
Schüler als Mrs. Hay: "Richard's not going to school, is he?"

Weitere Übungskerne:
(2) Margaret's not playing football, is she?
(3) Margaret and Andrew are not watching television, are they?
(4) Harry and Richard are not going to Jane's house, are they?
(5) Andrew's not climbing the tree, is he?
(6) Aunt Jane's not bringing the cat down, is she?

Die Übung wurde sicherlich nicht bewältigt. Exercise 3 kann nicht ohne besondere Vorbereitung im Laborunterricht eingesetzt werden, zumindest nicht in einer Sprachanfängerklasse. Exercise 3 ist kein eigentlicher Sprachlabordrill, eher eine Denksportaufgabe, d. h. eine Testübung mit mehreren Schwierigkeitsgraden von „frame" zu „frame" (von Übungssatz zu Übungssatz). Die Sätze 3, 4 und 6 haben mehr als 9 Silben. Die geforderten „tag-questions" folgen auf strukturell verschiedenartige Stimuli. Die „tag-endings" ändern sich fortwährend in ungleichem Rhythmus: is he / is she / are they / are they / is he / is she. Der Lehrer muß also nun nachträglich im Klassenverband den Drill erneut vorbereiten, will er nicht durch Abbruch der Übung den Schülern das Erlebnis des Scheiterns geben.

Übung des nichtbewältigten Drills Exercise 3 im Kontaktunterricht mit erleichternder Reihenfolge:
(1) Richard's not going to school, is he?
(5) *Andrew's* not *climbing the tree,* is he?
(6) *Aunt Jane's* not *bringing the cat down,* is she?
(2) *Margaret's* not *playing football,* is she?
(3) Margaret and *Andrew are* not *watching television,* are they?
(4) Harry and Richard are not going to Jane's house, are they?
Auch diese erleichternde Übung wird in diesem Zeitstadium nicht bewältigt, denn auch sie erhält noch von „frame" zu „frame", (1) zu (5), (5) zu (6) usw., mehr als eine *neu zu verarbeitende Information,* mehr als einen Lernschritt.
Der Lehrer sieht sich genötigt, in seiner Unterrichtsvorbereitung zur nächsten Stunde für die wiederaufzunehmende Vorlaborphase Exercise 3 mit notwendigen Zwischengliedern zu versehen, so daß der Schüler von „frame" zu „frame" nur eine neue Umformung vorzunehmen hat. Ex-

ercise 3a (= Exercise 3, die von dem einzelnen Lehrer mit Zwischengliedern zu versehen ist) könnte etwa folgenden Aufbau haben:
 (1') Richard's not going to school, is he?
 (2') *Andrew*'s not going to school, is he?
 (3') Andrew's not going to *the tree*, is he?
 (4') Andrew's not *climbing* the tree, is he?
 (5') *Margaret*'s not climbing the tree, *is she?*
bis:
 (13') Harry and Richard are not going to *Jane's house,* are they?

Die visuellen Stimuli zu Exercise 3a bieten optimal Strichmännchenzeichnungen (wie auf der Abb. S. 52). Sie können auf Transparent gepaust werden. Man kann sie obendrein auf Wachsmatrizen „durchzeichnen" und damit Matrizen für Bildleistenbögen herstellen, Bildleistenbögen zur häuslichen schriftlichen Nachbereitung der mündlichen Schulübung. — Ersatzweise: Visuelle Stimuli zur Vorlaborübung Ex. 3a, Haftelemente.

5.6. Die siebente Unterrichtsstunde. Zur Struktur II, Aufbereiten des mißlungenen Drills

1. Arbeitsgang: Sprechübung mit Bildergeschichte Ex. 3a.
2. Arbeitsgang: Memorisierung der Bildergeschichte Ex. 3a.
3. Arbeitsgang: Erneute Durchnahme im Klassenverband des Sprachlabordrills Ex. 3 in erleichternder Reihenfolge 1, 5, 6, 2, 3, 4 (s. o.).
4. Arbeitsgang: Erneute Durchnahme im Klassenverband des Sprachlabordrills Ex. 3 in ursprünglicher Reihenfolge (1—6).
5. Arbeitsgang: Durchnahme der Sprachlaborübung Ex. 3 in ursprünglicher Reihenfolge im Laborunterricht (Lehrerverhalten vgl. S. 50).
6. Arbeitsgang: Nachlaborphase zu Ex. 3, Strukturtransfer im Klassenverband. Hier dient als Stimulus ein Situationsspiel mit Mimik. Der Lehrer flüstert einem Schüler ins Ohr, er solle so tun, als ob er heimgehen wolle. Der Schüler nimmt seinen Ranzen und geht zur Tür. Der Lehrer fragt die anderen Schüler: "He's not going home, is he?"

Die Schüler sollen nun selbst ihren Kameraden „laut flüsternd" Befehle auf englisch geben, andere sollen die erstaunte verneinte Frage stellen.
Schüler 1: "Take the teacher's book." (Schüler 2 folgt der Anweisung)

Schüler 3: "He's not taking the teacher's book, is he?"
Schüler 4: "Eat a piece of chalk." (Schüler 5 mimt ...)
Schüler 6: "He's not eating a piece of chalk, is he?"
Schüler 7: "Box Peter." (Schüler 8 mimt das Boxen des Peter)
Schüler 9: "He's not boxing Peter, is he?"
Schüler 10: "Peter and Jim, sing a song." (Peter und Jim mimen ...)
Schüler 11: "They're not singing a song, are they?"
Schüler 12: "You, Ann, say to Andrew 'silly'." (Ann mimt ...)
Schüler 13: "You're not saying 'silly' Ann, are you?"
Schüler 14: "You, Jane, write 'idiot' on the board." (Jane mimt ...)
Schüler 15: "Jane, you aren't writing 'idiot' on the board, are you?"
Hausaufgabe (auf deutsch erklären): Mrs. Hay ist verärgert, nichts, was ihre Kinder tun, ist richtig, alles wird in Frage gestellt.
Beispiel anschreiben und abschreiben lassen:
1. Richard's eating biscuits.
1a) Mrs. Hay to Richard: "Richard, you aren't eating biscuits, are you?"
1b) Mrs. Hay to Daddy: "Daddy, Richard isn't eating biscuits, is he?"
2. Margaret's washing the cat.
2a) Mrs. Hay to Margaret: "Margaret, you aren't washing the cat, are you?"
2b) Mrs. Hay to Daddy: "Daddy, Margaret isn't washing the cat, is she?"
Bildet weiter 4 solcher Satzreihen ... mit a und b.

5.7. Die achte Unterrichtsstunde

Struktur III: "We meet at her place every Saturday." Medien und Materialien wie bisher, Sprachlaborübung ohne Bilder mit verbalen Stimuli.
1. Arbeitsgang: Kontrolle der Hausaufgabe.
2. Arbeitsgang: Die für sich isolierte Struktur III, Neudurchnahme. Bildbeschreibung des Dias: "We meet ... every Saturday". Kognitive Hilfe zu now/every (ZIMMERMANN, 1972, S. 88), Hafttafelübung (ZIMMERMANN, 1972, S. 89 c).
3. Arbeitsgang: Verarbeitung der Struktur III mit Hilfe des Sprachlabordrills, Unit 9, Ex. 4:

Of course	we / they	are,	we / they	play every day

Here's an example:
S 1: "Richard, Andrew, are you watching television?"
P: "Of course we are, we watch television every day."
S 2: "Of course we are, we watch television every day."
P: "Of course we are, we watch television every day."
Here's another example:
S 1: "Alan and Harry are meeting Richard?"
P: "Of course they are, they meet him every day."
S 2: "Of course they are, they meet him every day."
P: "Of course they are, they meet him every day."
(S = Speaker)   (P = Pupil)
Now you:
1. "Richard, Andrew, are you watching television?"
2. "Are Alan and Harry meeting Richard?"
3. "Are Mary and Jane playing games?"
4. "Richard and Harry, are you going to the playing field?"
5. "Are Richard and Alan playing football?"
6. "Margaret, Jane, are you making fun of Andrew?"
End of exercise 4

Diese Übung kann kopiert und als Hausaufgabe gestellt werden:
1a) Of course we are, we watch t. v. every day.
2a) Of course they are, they meet him every day.
3a) Of course they are, they ...
1' Einsatz des Sprachlabordrills in der Vorlaborphase (vgl. S. 49).
2' Einsatz des Sprachlabordrills in der Laborphase (vgl. S. 50).
3' Im Kontaktunterricht ... Nachlaborphase (vgl. S. 50).
Dazu hier: Stimuli
a) Haftelemente (wie ZIMMERMANN, 1972, S. 89 c und 90 d),
b) handlungsträchtige Dias aus Units 1—8,
c) Tätigkeiten im Klassenzimmer, Mimik.
Hausaufgabe: 1. Ausfüllen des Arbeitsbogens, des kopierten Drills 4. —
2. Write a story about what R's doing one Saturday / every Saturday — 2 × 6 sentences.

6. Die abschließenden vier Stunden

6.1. Die neunte Unterrichtsstunde
(nach REINHARD/HEINLE, 1967, S. 115 f.)

Hier wird mit Hilfe von Fragen und Antworten — auf Transparent oder Tafel geschrieben — eine Summary erstellt. Zweck: Umsetzen der Verbformen in den Strukturen (2. Person Singular oder Plural > 3. Person). Von der anschließend als Übungsdiktat verwendeten Summary werden die austauschbaren Elemente, Namen, Zahlen, Orts- und Zeitangaben usw. unterstrichen zur Vorbereitung der Hausaufgabe.
Hausaufgabe: Veränderte Summary-Geschichte schreiben.

6.2. Die Unterrichtsstunden Transfer 4 (10), Test (11), Testauswertung (12)

Zur Durchführung des Transfer 4 (nach Implementing: Übertragen der Lektionssituation in analoge Situation aus dem Erlebnisbereich der Schüler) gibt das Lehrerhandbuch erschöpfend Auskunft (ZIMMERMANN, 1972, Transferphase, S. 89—91). Ergänzend sei hinzugefügt, daß der Transfer in Minimalsituationen bereits in der Nachlaborphase der Sprachlabordrills hinreichend geübt werden konnte.
Zum Problem der Tests, durchgeführt in der 11. Stunde, und dem Problem der „lerntherapeutischen" Testauswertung (12. Stunde) sei erwähnt, daß bis zum Zeitpunkt eines voll koordinierten Anfangsunterrichts eine Lektion zweckmäßigerweise mit Übungs- oder Klassenarbeit in Form einer Testkombination abschließt. Die einzelnen „Skills" — Hör-Verstehen, Sprechfähigkeit, Leseverstehen und Schreiben — werden getrennt gemessen in Form von Hör-Verstehtests, Ersatzsprechtests, Leseverstehtests und Schreibtests. Sprechtests, wie aufgezeichnete Interviews in C.G.M. 62 (Test C.G.M., 1962, S. 13 f.), können im Rahmen einer Klassenarbeit nicht durchgeführt werden. Als Ersatzsprechtests bezeichne ich Bildbesprechungen oder Umformungsübungen nach dem Muster der Sprachlabordrills, schriftlich fixiert. Selbst aufgeschriebene Antworten zu Fragen erlauben ein Messen der mündlichen Ausdrucksfähigkeit. Hierbei — im Sinne der getrennt gemessenen Skills — dürfen natürlich Rechtschreibungsfehler nicht bewertet werden, man läßt sie selbstverständlich verbessern.

Ein koordinierter Anfangsunterricht wird die Teamarbeit eines Gruppenunterrichts gestatten, in dem je nach Testergebnis Hör-Verstehen, Sprechen, Lesen und Schreiben getrennte Nachbereitung zum bestmöglichen Erreichen der Lernziele erfahren.

Bei nicht koordiniertem Anfangsunterricht werden zusätzlich programmierte Arbeitsmaterialien für Gruppenunterricht innerhalb einer Klasse ersatzweise die Lerntherapeutik stützen müssen. Falls keine besonderen programmierten Materialien dazu zur Verfügung stehen, kann man ersatzweise die Fehler in traditioneller Form besprechen.

Aussprachetests, oft unrichtig mit Sprechtests verwechselt, sind beim mit Sprachlabor gestützten AV-Unterricht nahezu überflüssig, da hier Intonation und Phonetik annähernd ideal eingeübt werden.

6.3. Variationsmöglichkeiten des Zwölf-Stunden-Schemas

In der 9. und 10. Stunde des Transfers 3 und 4 und in den anschließenden Teststunden 11 und 12 hatten die neuen Strukturen und deren Transformationsmöglichkeiten naturgemäß im Mittelpunkt des Unterrichts dieser „auf strukturalistischer Grundlage" entwickelten „audiovisuellen Methode" (nach FIRGES, 1967) gestanden, wobei eine Lernstufe auf der jeweils vorhergehenden aufbaute.

Das hier vorgeführte Unterrichtsmodell der 12 Stunden muß selbstverständlich bei nichterreichten Lernzielen durch zusätzliche Übungsstunden erweitert, kann im Gegensinne aber auch gestrafft werden.

Ohne Veränderungen durch eine mögliche Aufspaltung der abschließenden Klassenarbeiten-Endtestkombination (nach: Test C.G.M. 62, 1962) zu berücksichtigen, sollen die unten angeführten Schemata — das Modell und seine Variante — Straffungsmöglichkeiten zum AV-Unterricht einer Lektion veranschaulichen.

I. Das Zwölf-Stunden-Modell
1. Std. Segment 1 (5 Dias)
2. Std. Segment 1 (4 Dias)
3. Std. Segment 3 (5 Dias)
4. Std. Transfer 1 + Schrift
5. Std. ⎫ Transfer 2 mit speziellem
6. Std. ⎬ Strukturunterricht der
7. Std. ⎧ Vor-, Labor- und Nach-
8. Std. ⎭ laborphase

II. Die Variante zum Zwölf-Stunden-Modell
1. Std. Segment 1 (6 Dias)
2. Std. Segment 2 (8 Dias)
   keine 3. Segmentstunde
3. Std. Transfer 1 + Schrifteinführung
4. Std. ⎫ Transfer 2 mit speziellem
5. Std. ⎭ Strukturunterricht

I. Das Zwölf-Stunden-Modell (Forts.)	II. Die Variante zum Zwölf-Stunden-Modell (Forts.)
9. Std. Transfer 3, Summary + Diktat	6. Std. Transfer 3 + Diktat
10. Std. Transfer 4, Situationstransfer	7. Std. Transfer 4, Situationstransfer
11. Std. Test	8. Std. Test
12. Std. Testauswertung	9. Std. Testauswertung

I. und II. können noch, je nach Leistungsvermögen der Klasse oder Schwierigkeitsgrad der Lektion, zu Varianten mit veränderter Segment-, Struktur- oder Transferstundenzahl interpoliert werden, wobei die Reihenfolge: Segmentstunden — Transfer 1 + Schrift — Transfer 2 + spezieller Strukturunterricht — Transfer 3 — Transfer 4, erhalten bleiben muß (vgl. oben S. 41 f.).

7. Grenzen der Straffungsmöglichkeiten des Zwölf-Stunden-Unterrichtsmodells

Die gesonderte Besprechung einer mißlungenen Laborübung (S. 52 ff.) sollte die Einsicht vermitteln, daß die Vorlaborphase einer Drillübung der AV-Lektion nicht gestrichen werden darf.
Auch die Nachlaborphase zu den Drillstrukturen, das Transferieren in Minimalsituationen, sollte der Lehrer keinesfalls einsparen. Ohne diese Übungsart wird Maximaltransfer illusorisch. Ohne ausreichende Transferübungen überhaupt, das hat die Erfahrung gelehrt, verbleiben die Schüler auch der besten AV-Kurse in der Rolle von Papageien. In dieser Unterrichtsphase kann der besonders im Strukturunterricht an festgesetzte Normen gebundene Lehrer sich frei entfalten, kann er mit zeichnerischem, verbalem und mimischem Gestaltungsvermögen wirken und alle Register seines methodisch-didaktischen Könnens ins Spiel bringen. Der gelungene Transferunterricht ist das Ergebnis sorgfältigen, kleinschrittigen Unterrichtens einer AV-Lektion, mit besonderer Berücksichtigung des Kernteils, der Verarbeitungsphase neueingeführter Strukturen.

Ludger Schiffler

Eine Stunde Gruppenunterricht mit einem audiovisuellen Kurs in der Klasse 7 — La France en direct, dossier 14, phase d'appropriation

1. Ziel der Stunde

„Die Schüler sollen die in dossier 14 und gegebenenfalls in den davorliegenden dossiers gelernten Sprachbestände in neuen Situationen anwenden."
Das genannte Lernziel ist im Unterricht allgemein und im audiovisuellen Unterricht speziell schwierig zu realisieren. Es wird deshalb oft übergangen, was auch durch die wenigen Zeilen, die in den entsprechenden Lehrerhandbüchern hierzu zu finden sind, dokumentiert wird (GUBERINA u. a., 1971, S. 35; CAPELLE u. a., 1969, S. 24). Aus diesem Grund soll im folgenden gezeigt werden, wie das Erreichen dieses Lernziels im audiovisuellen Unterricht angestrebt werden kann.
Im audiovisuellen Unterricht wird jede Unterrichtseinheit (bei *La France en direct* „dossier" genannt) in Phasen unterteilt, die in den jeweiligen methodischen Einführungen genau beschrieben sind. Dort wird vom Lehrer gefordert, diese genau einzuhalten. So vorteilhaft die Einhaltung dieser Phasen sein mag, so kann sie doch nach längerer Unterrichtszeit zu einem Absinken der Motivation führen, die durch das Einsetzen einer neuen Fremdsprache und die Verwendung eines audiovisuellen Kurses bei vielen Schülern anfänglich verhältnismäßig hoch ist.
Das methodische Vorgehen in den einzelnen Phasen des audiovisuellen Unterrichts ist in starkem Maße medien- und auch lehrerzentriert. Der Schüler hat hierbei auf die audiovisuellen Medien und den Lehrer in einer Weise zu reagieren, die nur selten Abweichungen erlaubt. Dies ist — wie oft angeführt wird — im Fremdsprachenunterricht allgemein und anscheinend vor allem in der Anfangsphase unvermeidbar. Diesem Argument soll im folgenden widersprochen werden.
Lernpsychologische Erwägungen sprechen dafür, daß die Motivation der Schüler auf die Dauer eher erhalten werden kann, wenn die Schüler

nicht nur Aktivität durch Reaktionen auf Lehrer- und Medienstimuli zeigen (diese Form der Aktivität kann durch die audiovisuellen Medien zweifellos sehr verstärkt werden), sondern auch solche, die auf Kreativität beruht. Im Anfangsunterricht ist dies in bescheidenem Maße schon darin zu sehen, daß der Schüler nach entsprechender Vorbereitung und mit Hilfe des Lehrers Äußerungen formuliert, die u. a. auf seinen eigenen Einfällen beruhen.

Im audiovisuellen Unterricht ist eine solche Phase als letzte zwar grundsätzlich vorgesehen, als *phase de transposition* bei *Voix et Images de France* (GUBERINA u. a., 1971, S. 35), als *phase d'appropriation* bei *La France en direct* (CAPELLE u. a., 1969, S. 23 ff.), doch die Praxis des audiovisuellen Unterrichts zeigt, daß diese Phase oft zu kurz kommt. Der Ablauf des audiovisuellen Unterrichts ist „programmartig", d. h. durch die Medien und die Empfehlungen für ihren Einsatz genau festgelegt. Für Schüler und vor allem für den Lehrer kann dies eine effektive Hilfe bedeuten. Der Lehrer, der sich an diese Stütze gewöhnt hat, ist möglicherweise eher versucht, gerade diese letzte Phase auszulassen, da er hier nur beschränkt eine Hilfe in den Medien findet und diese Phase, wie schon erwähnt, auch im nicht-audiovisuellen Unterricht zu den schwierigsten gehört.

Um ihre Durchführung dem Schüler zu erleichtern und vor allem um die Motivation der Schüler zu erhalten, sollte auch in den vorausgehenden Phasen der audiovisuelle Unterricht mit dem Ziel, die Kreativität des Schülers anzuregen, variierend gestaltet werden.

Aus diesem Grund sei hier eine Zusammenfassung des Unterrichts, der vor der eigentlichen hier zu beschreibenden Stunde liegt, gegeben.

2. Der vorausgehende Unterricht mit dem dossier 14

Ausgangspunkt des dossier 14 sind die folgenden Bilder und der dazugehörige Dialog auf Tonband.

14 Monsieur Pottier part en voyage

Mme Legrand (la concierge) : Bonjour, Monsieur Pottier. Comment allez-vous, ce matin ?

M. Pottier : Mal, Madame Legrand. Quel bruit, la nuit dernière !

Mme Legrand : Eh oui, je sais : de la musique jusqu'à deux heures du matin !

Mme Legrand : Je vais lui parler à l'étudiant du sixième !

M. Pottier : Ça ne fait rien, Madame Legrand. Ils sont jeunes.

Mme Legrand : Oui, mais tout le monde est fatigué dans la maison, ce matin.

M. Pottier : Et moi, j'ai cinq cents kilomètres à faire en voiture.

Mme Legrand : Ah ! C'est vrai !
Vous partez pour Lyon.

Mme Legrand : Combien de temps
est-ce que vous allez rester là-bas ?

M. Pottier : Un peu plus d'une semaine.

Mme Legrand : Je vous garde votre courrier,
comme d'habitude.

Mme Legrand : Et si quelqu'un vous demande... ?

M. Pottier : Je n'attends personne.

M. Pottier : Mais dites que je reviens
jeudi prochain.

Im Gegensatz zu dem üblichen Vorgehen beim audiovisuellen Unterricht werden in der ersten Stunde den Schülern alle Bilder in rascher Folge *zuerst ohne Ton* gezeigt. Dann werden die Bilder wieder ohne Ton — aber einzeln — projiziert, und die Schüler sollen nun mit Hilfe des Lehrers den Dialog selbst finden. Bei dem dossier 14 erlauben die Französischkenntnisse der Schüler durchaus ein solches Vorgehen. Es bietet folgende Vorteile (vgl. SCHIFFLER, 1973, S. 69 f.):

— Die Schüler werden zur Kreativität angeregt, statt sich auf bloßes Nachsprechen beschränken zu müssen.
— Die Schüler aktivieren die erlernten Sprachbestände. Oft sind sie fähig, einen adäquaten Sprachteil zu einem Bild zu finden, obwohl der originale Sprachteil auf Band Wörter enthält, die den Schülern noch unbekannt sind.
— Die Schüler können sich viel intensiver auf die Bildaussage konzentrieren. Verständnisschwierigkeiten, die durch einen mangelhaften didaktischen Aufbau des Bildes hervorgerufen werden, können vom Lehrer hierbei behoben werden. (Bei dem üblichen Vorgehen besteht die Gefahr, daß der Lehrer das Unverständnis der Schüler gar nicht bemerkt, wenn diese den Sprachteil einwandfrei reproduzieren, ohne ihn verstanden zu haben.)
— Die Schüler werden durch dieses vom Üblichen abweichende Vorgehen stärker motiviert. Sie sind voll gespannter Erwartung zu erfahren, inwieweit sich ihre Version mit der originalen auf Band deckt.

Durch dieses Vorgehen wird genau die Fähigkeit geübt, die in der Transferphase am Ende der Unterrichtseinheit erforderlich ist, wenn die Schüler eigene Kommentare zu ihnen unbekannten Bildern finden sollen, die nur in einem losen Zusammenhang zum Thema des Ausgangsdialogs stehen.

In der folgenden Stunde wird der audiovisuelle Dialog wieder vorgeführt. Der Lehrer erklärt nun nochmals die neuen Wörter und überprüft durch Fragen das Verständnis. Die Erklärungen geschehen einerseits dadurch, daß der Lehrer mit der Zeigelampe Teile des Bildes hervorhebt oder andere szenische Möglichkeiten wahrnimmt, wie sie im einsprachigen Unterricht ohne Bildmaterial üblich sind.

Wenn er z. B. das Wort „rester" zu Bild 9 (s. o.) erklären will, kann er auf Bild 8 zurückgreifen, mit der Zeigelampe auf den Weg nach Lyon zeigen und sagen: „M. Pottier va à Lyon. Là, il reste un, deux, trois, quatre jours." Hierbei zeigt der Lehrer wiederholt auf Lyon und sagt dann: „M. Pottier reste quatre jours à Lyon. Ensuite, il revient à Paris", wobei er das Wort „revenir" wieder durch eine entsprechende Bewegung mit der Zeigelampe verdeutlicht.

Ebenso kann der Lehrer einen Schüler auffordern, zu ihm zu kommen: „Venez ici, s'il vous plaît", ihm dann aber durch Handzeichen andeuten stehenzubleiben, indem er sagt: „Non, restez là-bas." (CAPELLE u. a., 1971, dossier 14, Phase 1 B-42)

Das Verständnis kann er überprüfen, indem er das nächste Bild (9) zeigt, auf die neun Kalenderblätter deutet und fragt: „Combien de jours est-ce que M. Pottier reste à Lyon?"

Nach dieser Phase der Erklärung, die nur so umfangreich wie nötig sein sollte, folgt — synchron mit den Bildern — ein Nachsprechen der einzelnen Tonteile durch möglichst viele Schüler der Klasse (nach Möglichkeit einzeln oder zu zweit, seltener im Chor).

In der nächsten Stunde sollte die Mehrzahl der Schüler fähig sein, mit Hilfe der Bilder den Dialog zu sprechen unter gleichzeitigem Imitieren der auf den Bildern dargestellten Mimik und Gestik. Diese Übung wird auch zusätzlich phonetisch genutzt, indem der Lehrer die Schüler zum Nachsprechen schwieriger Dialogteile, die von den Mitschülern memoriert werden, auffordert.

In den folgenden Stunden werden die neuen Strukturen mit Hilfe von Frage-Antwort-Reihen, die die Schüler untereinander bilden, mit Hilfe der Hafttafel und der Substitutionstafeln des Schülerbuchs vorbereitet und mit dem Tonbandgerät im Klassenraum oder im Sprachlabor eingeübt.

In der Substitutionstafel des dossier 14 sind 15 Strukturen verzeichnet. Die wichtigsten sind: die Frage nach dem Befinden „Comment (allez-vous)?" mit den möglichen Antworten; Zeitangaben („minuit, la semaine dernière" etc.), auch in Verbindung mit „comme" und „jusqu'à"; Formen und Stellung von „tout"; „(Il veut) quelque chose? Non, (il) ne (veut) rien"; „(Il parle) à quelqu'un? Non, (il) ne (parle) à personne"; „aller à..."; „plus de..., moins de..."; Fragen mit „Combien de temps est-ce que...?" und „Quand est-ce que...?" und „avoir à...".

Ein Beispiel für das Einüben der Strukturen sei herausgegriffen: Ein Schüler heftet folgende Elemente an die Hafttafel: einen Herrn (M. Pottier), einen Pfeil nach rechts, die Stadt Lyon und das Fragezeichen. Die Schüler, die wissen, daß Fragen mit „quand" gebildet werden sollen, finden hierdurch die Frage: „Quand est-ce que M. Pottier part pour (va à) Lyon?" Der Schüler, der diese Frage beantworten kann, darf die Haftelemente verändern, indem er z. B. entweder den geraden Pfeil durch den gekrümmten ersetzt, um eine Frage mit „revenir" zu erhalten, oder die übrigen Elemente austauscht.

Ohne Hafttafel können die Antworten gesteuert werden, indem ein Schüler eine Frage mit „quand" bildet und gleichzeitig ein Datum anschreibt. Um unnötige Rechenoperationen zu vermeiden, hat man sich vorher darauf geeinigt, den betreffenden Tag hinsichtlich des Wochentags beizubehalten, ihn aber als den ersten des jeweiligen Monats anzunehmen, z. B.: „mercredi, le 1er février", und dieses hypothetische Datum an die Tafel zu schreiben. Das Datum 9. 2. wird dann zum Stimulus für „jeudi prochain", 8. 2. für „une semaine", 8.—15. 2. für „la semaine prochaine", 15. 2. für „dans quinze jours".

An diese Übung schließt sich die Sprachlaborübung „exercice 2" an:

Modell auf Tonband: Vous revenez demain ou la semaine prochaine?
Je reviens la semaine prochaine.

Frage auf Tonband: Tes parents reviennent dans huit jours ou le mois prochain?

Antwort des Schülers: Mes parents reviennent le mois prochain.

In diesem dossier lernen die Schüler hinsichtlich der Orthographie vor allem die Schreibung der Zahlen. Sie benutzen dazu das Schülerarbeitsheft (CAPELLE u. a., o. J., S. 42 ff.). In diesem sind neben schriftlichen Umformungs- und Antwortübungen auch Fragen und Antworten enthalten, die Bildern zuzuordnen sind.

5. Qu'est-ce qu'ils disent ?

A côté de chaque image,
écrivez deux de ces phrases :

- Pour une semaine ou deux.
- Où est-ce que vous allez ?
- Pas mal, et toi ?
- Quel bruit ils font !
- Gardez-le moi, comme d'habitude.
- Vous partez pour combien de temps ?
- Oh, vous savez, ils sont jeunes !
- Et si vous avez du courrier ?
- A Marseille. J'ai huit cents kilomètres à faire.
- Comment vas-tu, ce matin ?

1. _____
2. _____
3. _____
4. _____
5. _____
6. _____
7. _____
8. _____
9. _____
10. _____

3. Der Stundenverlauf

Die im folgenden beschriebene Stunde steht am Ende der Behandlung eines dossiers. Wie im Lernziel schon formuliert wurde, soll hier der Transfer der gelernten Sprachbestände geübt werden.
Aus folgenden Gründen soll dies in gruppenteiligem Verfahren geschehen:
— Das gruppenteilige Verfahren hat sich — zwar nicht speziell im Sprachunterricht — bei kontinuierlicher Anwendung während eines ganzen Schuljahres im Vergleich zu einem nur lehrergelenkten Unterricht als das effektivere Verfahren erwiesen (vgl. MEYER, 1970, S. 75 ff.; CORRELL, 1961, S. 85 ff.).
— Selbstverständlich eignet sich der Fremdsprachenunterricht möglicherweise nicht ebensogut wie andere Fächer für Gruppenunterricht. Aus diesem Grund ist er vielleicht auch das Fach, wo der lehrerzentrierte Unterricht *par excellence* zu finden ist. Die Konsequenzen, die ein solcher Erziehungsstil auf die Dauer hat, sind seit längerem erforscht (vgl. TAUSCH u. a., 1963; MEYER, 1970, S. 122 ff.) und geben zumindest Veranlassung, auch im Fremdsprachenunterricht im Bereich des Möglichen nach anderen Wegen zu suchen.
— Die Gruppenarbeit kann zu einer anderen Einstellung des einzelnen gegenüber seinen Mitschülern und der gesamten Klasse führen (vgl. PASSOW u. a., 1952, S. 71 ff.; FESTINGER u. a., 1952, S. 382 ff.). Daß dieser sozio-psychologische Faktor auch für die individuelle Leistung wesentlich ist, wird kaum bestritten.

Es gibt grundsätzlich zwei Möglichkeiten des Gruppenunterrichts: Einerseits das Verfahren mit gleichem Arbeitsauftrag für alle Gruppen oder das mit gruppenspezifischen Aufgaben.

Welches Verfahren eingeschlagen werden soll, ist jeweils aus der Arbeit und dem Lernziel heraus zu entscheiden: In Fällen, in denen ein identisches Resultat erzielt werden kann oder soll, ist auch ein identischer Arbeitsauftrag für alle Gruppen möglicherweise von Vorteil (z. B. bei den schriftlichen Übungen des Schülerarbeitsheftes). Aber auch bei Interpretationen kann es ebenso vorteilhaft sein, wenn ganz neue Aspekte zu ein und demselben Thema von den verschiedenen Gruppen beigetragen werden.

Falls aber ein Arbeitsauftrag an die Kreativität der Schüler appelliert, sind die Ergebnisse *eo ipso* kaum vergleichbar. Hier sind dann verschiedene Themen angebracht. Dadurch, daß die Möglichkeit zur Auswahl geschaffen wird, kann den individuellen Wünschen der Schüler mehr

Rechnung getragen werden. Dies soll in der folgenden Stunde Berücksichtigung finden.

Das genannte Lernziel der Stunde läßt sich auf verschiedene Weise anstreben: Einerseits weitgehend gelenkt, indem die Schüler mit der für diese Phase vorgesehenen Reihe aus drei Fotografien arbeiten. Andererseits, indem sie ohne visuelle Medien einen Dialog zu einem vereinbarten Thema erstellen.

Die folgende Fotoreihe steht im Schülerbuch zur Realisierung der zuerst genannten Möglichkeit zur Verfügung:

Im Lehrerbuch wird folgender Dialog als mögliche Dialogisierung angeführt:

L'agent: „Vous ne pouvez pas rester ici, Monsieur."
L'homme: „Oui, je le sais, mais je vais partir dans quelques minutes. J'attends quelqu'un. Tenez, regardez, elle arrive. C'est ma femme. Elle vient de faire des courses dans les magasins."
La femme: „Oh, M. l'agent, est-ce que vous pouvez m'aider? Merci, merci beaucoup. Au revoir, M. l'agent."

Wie dieser Dialog selbst zeigt, ist die Fotoreihe nur beschränkt geeignet, das Lernziel dieser Stunde zu erreichen. Das in diesem dossier Erlernte tritt nur an zwei Stellen auf: „*Je vais partir dans quelques minutes*" und „*J'attends quelqu'un*".

Dies ist sicherlich darauf zurückzuführen, daß die auf den Fotografien gezeigten Situationen einen Zusammenhang mit den Bildern des audiovisuellen Dialogs dieses dossiers vermissen lassen.
Da man annehmen kann, daß bei Themen, die eine engere Verbindung zu den Situationen des Ausgangsdialogs haben, die Schüler eher das Gelernte in neuen Situationen wiederverwenden, sollen in dieser Stunde den Schülern solche als Alternative zu der Gruppenarbeit mit dem visuellen Medium angeboten werden.
Vor Beginn der Arbeit ist es lernpsychologisch wesentlich, daß der Lehrer die Schüler auf die Hilfe hinweist, die das Erlernte bei der Bewältigung der neuen Aufgabe bieten kann. Es ist nämlich keineswegs selbstverständlich, daß der Schüler diese Verbindung sieht, wie entsprechende psychologische Untersuchungen gezeigt haben (vgl. VAN PARREREN, 1966, S. 303 ff.).
Zwei andere Voraussetzungen sollten vom Lehrer sorgfältig geschaffen werden, um die Gruppenarbeit für die Schüler zu einem Erfolgserlebnis werden zu lassen:
1. Auswahl der Themen und ggf. weitere Stützen, meist lexikalischer Art (vgl. ZIMMERMANN, 1969, S. 259 ff.).
2. Zusammenstellung der Gruppen.
Auch wenn die erste Voraussetzung, die möglichen Themen, vom Lehrer geschaffen wird, schließt dies nicht aus, daß die Schüler zuerst nach Themen befragt werden. Trotzdem sollte der Lehrer dann vorgeschlagene Themen, die offensichtlich keinen Zusammenhang mit dem Ausgangsdialog haben, unter Angabe des Grundes zurückweisen.
Aus dem audiovisuellen Dialog dieses dossiers ergeben sich m. E. zwei Themen: „Le départ de Jacques" (oder einer anderen Person, die nicht im Dialog dieses dossiers erwähnt wird) und „La surprise-partie".
Das zweite Thema ergibt eine Verbindung dieses dossiers mit dem vorausgehenden, in dem die Vorbereitungen zur Party beschrieben werden. Diese selbst wird aber nicht dargestellt. Ihr möglicher Verlauf kann nun von den Schülern geschildert werden.
Die zweite Voraussetzung, die Zusammensetzung der Gruppen, ist das größte Problem der Gruppenarbeit (vgl. MEYER, 1970, S. 133 ff.). Der Lehrer teilt den Schülern die Gruppengröße (nach Möglichkeit nicht mehr als fünf Schüler) und die Anzahl der zu bildenden Gruppen mit. Das leichteste Verfahren ist natürlich, auf eine geplante Verteilung nach Leistung und Soziogramm zu verzichten und die Schüler sich selbst in Gruppen einteilen zu lassen. Meist gelingt dies aber nicht ohne Korrekturen von seiten des Lehrers, falls gleich große Gruppen gebildet werden sollen.

Die Möglichkeit, gruppendynamische Probleme bei der Zusammenstellung z. T. zu vermeiden, ist die Gruppenbildung nach Arbeitsauftrag bzw. Thema. Ein entsprechendes Verfahren „... das von spontanen Tendenzen ausgehend Elemente des pädagogischen Korrigierens in die Gruppenbildung hineinträgt" ist bei V. Svajcer beschrieben (vgl. MEYER, 1970, S. 133 ff.). Es sei hier aber darauf hingewiesen, daß *keinesfalls mehr als drei Themen* zur Auswahl gestellt werden sollten, da andernfalls bei der Besprechung der Gruppenarbeit am Ende der Stunde nicht jedes Thema behandelt werden kann. Dies wird für diese Stunde durch die beiden genannten Themen und die Fotoreihe ermöglicht. Ein wesentlicher Vorteil der hier angebotenen Auswahl ist darin zu sehen, daß durch das Angebot der Fotoreihe für viele Schüler eine echte Alternative zur kreativen Arbeit ohne jegliche Stütze geschaffen wird. Falls sich zu einem der drei Themen keine Gruppe ergibt, sollte dies der Lehrer akzeptieren. Mehrere Gruppen arbeiten dann themengleich.

Bevor die Gruppenarbeit beginnt, legt der Lehrer *die Zeit* hierfür fest. Er muß darauf achten, daß am Ende der Stunde genügend Zeit bleibt (ca. 15 Minuten), um die Ergebnisse von mindestens drei Gruppen (bei drei verschiedenen Themen) der gesamten Klasse mitteilen und gegebenenfalls korrigieren zu können.

Zur erfolgreichen Arbeit in der Gruppe muß den Schülern vorher genau gesagt werden, *wie sie arbeiten sollen*. Jeder erstellt während der Gruppenarbeit für sich selbst eine Kopie des von der Gruppe gefundenen Dialogs. Da es sich hier um den Anfangsunterricht handelt, soll bei der Gruppenarbeit das Schwergewicht nicht auf der Orthographie liegen. Aus diesem Grund bildet die Kopie des einzelnen Schülers nur die schriftliche Stütze für einen Dialog, den die Gruppe dann gemeinsam auf Tonband spricht. Diese Aufnahme des Dialogs kostet zweifellos Zeit. Wenn zur Realisierung dieses Lernziels keine Doppelstunde zur Verfügung steht, sollte man die Gruppen schon in der vorausgehenden Französischstunde einteilen und ggf. auch die Themen vorher vereinbaren.

Zur Arbeit in den Gruppen sollen die Schülerbücher nicht benutzt werden, da dies meist zu einem bloßen Abschreiben führt. Zu Beginn der Gruppenarbeit wird für die eine Gruppe die Fotoreihe insgesamt projiziert, dann das erste Bild allein. Die lichtstarken Projektoren ermöglichen heute eine Projektion ohne Verdunkelung, so daß die übrigen Gruppen ungestört arbeiten können. (Falls eine Projektion ohne Verdunkelung nicht möglich ist, können zur Not auch die Reproduktionen im Schülerbuch verwendet werden, die jedoch Details leider meist nicht erkennen lassen.) Sofort nach der Projektion eines jeden Bildes geht der

Lehrer zu der Gruppe, die die Fotoreihe bearbeitet, und macht sie auf Details im jeweiligen Bild aufmerksam, die für den Dialog entscheidend sind und die die Schüler möglicherweise übersehen. Er kann sich auch vollkommen zurückhalten und diese Hilfen erst dann geben, wenn er an Hand der Schülernotizen bemerkt, daß wesentliche Einzelheiten übersehen werden. Jedes Bild wird solange projiziert, bis die Gruppe das nächste zu sehen wünscht.

Während der Gruppenarbeit dürfen die Schüler den Lehrer nach Vokabeln, Satzkonstruktionen usw. fragen. Der Lehrer bemüht sich, die von den Schülern erstellten Dialoge während der Gruppenarbeit zu korrigieren. Dies ist deshalb so wichtig, weil die Dialoge anschließend auf Tonband gesprochen werden. Beim Abspielen der Aufnahmen vor der gesamten Klasse bleibt dann nur noch die Aussprache zu korrigieren. Diese Aufgabe übernehmen nach Möglichkeit die anderen Gruppen.

Wenn später bei der Erstellung solcher Dialoge auch auf die Orthographie Wert gelegt wird, ist ein rationelles Arbeiten mit Hilfe des Arbeitsprojektors möglich. Ein Schüler einer jeden Gruppe fertigt seine Kopie auf einer Folie an. Bei der Besprechung vor der gesamten Klasse werden dann die Folien mit Hilfe des Arbeitsprojektors projiziert, und alle Schüler können sich so an der Korrektur der Gruppendialoge beteiligen. Die Schüler, die den Dialog erstellt haben, können dann gleichzeitig ihre Kopien korrigieren, so daß sie eine fehlerlose Grundlage für die anschließende Hausaufgabe besitzen.

In den Anfängerklassen ist es unvermeidlich, daß die Schüler innerhalb der Gruppen deutsch sprechen. Die Forderung nach Einsprachigkeit sollte aber keineswegs so rigoros vertreten werden, daß sich daraus eine Ablehnung der Gruppenarbeit ergäbe. (Wenn man unbedingt das Gespräch auf deutsch vermeiden möchte, kann man ein Blatt reihum gehen lassen; auf diesem wird der Dialog erstellt, indem jeder Schüler ihn in Form einer Frage oder Antwort fortsetzt.)

Als Beispiel für einen Dialog, den eine der anderen Gruppen ohne Bilder mit Hilfe der ihr bisher bekannten Sprachbestände erstellen kann, sei die Arbeit der Gruppe mit dem Thema „une surprise-partie" ausgewählt (kursiv gedruckte Strukturen wurden in diesem dossier neu erlernt):

Nathalie:	Bonjour Jacques, *comment vas-tu?*
Jacques:	Bonjour Nathalie, *je vais bien, merci. Et toi, ça va?*
Nathalie:	Merci, *ça va bien.*
	Voilà une bouteille de champagne et du jus d'orange.
Jacques:	Oh, du champagne. Mais ça coûte cher. J'aime beaucoup le champagne.
Nathalie:	Moi, je ne bois que du jus d'orange.

Jacques:	Voilà les autres, Pierre et Yvonne.
Nathalie:	Bonsoir Pierre. Bonsoir Yvonne. Pierre, tu as les disques?
Pierre:	Oui. Voilà *tous* mes disques. Nathalie, tu danses avec moi?
Nathalie:	Merci. Tu danses bien, Pierre. J'aime beaucoup tes disques.
Pierre:	*Quand* je danse, j'ai toujours soif. Tu prends *un peu de* jus d'orange avec moi?
Nathalie:	Oui, merci, mais pas *beaucoup*.
Pierre:	Il y a *quelqu'un* à la porte. Je *vais ouvrir*. (C'est Mme. Legrand, la concierge.)
Pierre:	Jacques, on te demande.
Mme Legrand:	Bonsoir, Messieurs. *Tout le monde* veut dormir dans la maison. Vous faites beaucoup de bruit. Les Pottier viennent me parler. Ils disent que la musique est trop forte. Demain, les autres *ont à travailler* et M. Pottier *a* cinq cent km *à faire*. Ils *vont être* très fatigués. *Jusqu'à quand est-ce* que ça va durer, votre surprise-partie?
Jacques:	Seulement *jusqu'à minuit*. *Tout le monde va partir dans* une heure. Nous allons mettre la musique moins fort.
Mme Legrand:	Merci, Monsieur. Bonsoir.

Als Aufgabe wiederholen die Schüler an Hand ihrer Notizen die Dialoge ihrer Gruppen, so daß sie sie in den folgenden Stunden mit verteilten Rollen sprechen oder auch als Sketch vorspielen können. Hierbei kommt es selbstverständlich nicht darauf an, daß sie ihn wortwörtlich hersagen können, sondern daß sie Worte, Gestik und Mimik möglichst natürlich in der Spielsituation einzusetzen verstehen.

Ein diesen Vorschlägen entsprechender, vom Verfasser durchgeführter Unterricht mit den dossiers 7 und 8 desselben Unterrichtswerkes wurde auf Videoband aufgezeichnet und steht Interessenten in der PH Berlin zur Verfügung.

Hans Bebermeier

Einsatzmöglichkeiten des Arbeitsprojektors im Fremdsprachenunterricht

1. Einführung

Zu den AV-Medien, die didaktische Funktionen im Fremdsprachenunterricht übernehmen können, gehören neben den zunächst fast ausschließlich verwendeten auditiven mehr und mehr auch visuelle. Wer die Entwicklung der visuellen Medien für den Fremdsprachenunterricht in den vergangenen 20 Jahren miterlebt und verfolgt hat, kommt zu der Feststellung, daß alle mehr oder weniger zur Intensivierung, Bereicherung, Ergänzung und Vertiefung des Unterrichts beitragen wollen. Diese Qualitätsmerkmale bzw. qualitätssteigernden Prozeßfaktoren des Unterrichts werden u. a. durch eine weitgehende Objektivierung der Inhalte, hohe Veranschaulichungsintensität sowie schüler- und sachgemäße didaktisch-dramaturgische Effekte erreicht (vgl. HEINRICHS, o. J. a., S. 9). Die visuellen Medien stellen im modernen Fremdsprachenunterricht häufig Faktoren dar, die das Unterrichtsgeschehen primär tragen; besonders dann, wenn landeskundliche Kenntnisse vermittelt, reproduktives Sprechen entwickelt, lexikalische Kenntnisse erworben, dialogische Sprechfähigkeit gefördert, erzieherische Maßnahmen intensiviert und die methodische Gestaltung des Unterrichts flexibler und im Sinne einer möglichst umfassenden Operationalisierung vorher beschriebener Feinziele ökonomischer und effektiver inszeniert werden sollen (vgl. GERMER, 1966, S. 25). Zu diesen das Unterrichtsgeschehen steuernden Medien gehört seit einigen Jahren ein Lehr- und Lernmittel, das in der einschlägigen Fachliteratur u. a. mit Overheadprojektor, Tageslichtprojektor, Demonstrationsprojektor, Arbeitsprojektor, Hellraumprojektor, Schreibprojektor bezeichnet wird. Im folgenden wird von der Bezeichnung Arbeitsprojektor ausgegangen. Eine Abgrenzung der Funktionen dieses Mediums von denen der ihm nahestehenden Medien — wie z. B. Diaprojektor und Episkop — soll hier nicht vorgenommen werden.
Ein von der Unterrichtswirklichkeit ausgehender Darstellungsansatz hat zu berücksichtigen, daß

- jeder Fremdsprachenlehrer aufgrund des Sach- und Fachanspruches und des täglich feststellbaren Bedingungsfeldes dazu aufgefordert ist, „den gesamten didaktischen Apparat der Schule daraufhin zu überprüfen, wo und in welcher Weise er im Detail die Dramaturgie des Unterrichtsverlaufes akzentuieren kann" (HEINRICHS, o. J. b, S. 5),
- eine Reihe von finanziellen und technischen sowie didaktisch-methodischen Faktoren zur Ausbreitung des Mediums beigetragen haben.

Was die Arbeit mit dem Arbeitsprojektor allgemein betrifft, sei hier auf den entsprechenden Band der Serie B dieser Schriftenreihe („Projizierte Stehbilder") verwiesen. Im folgenden soll lediglich auf die fachspezifischen Möglichkeiten eingegangen werden.

Als fachspezifische didaktisch-methodische Aspekte lassen sich aufgrund jahrelanger gezielter Unterrichtsbeobachtung vor allem folgende Gesichtspunkte aufzählen:

- Die Freiheit in der Gestaltung und Auswahl von Folien und Transparenten gewährleistet die im Fremdsprachenunterricht unbedingt erforderliche Abstimmung des visuellen Materials und dessen didaktischer Möglichkeiten auf Formulierungsbereitschaft, Leistungsvermögen und Interessenhorizont der Lerngruppe.
- Durch die jederzeit mögliche Ergänzung und Erweiterung der Transparentvorlage (overlay) können im Fotokopierverfahren hergestellte oder käuflich erworbene Transparente der augenblicklichen fremdsprachlichen Lernsituation der Schüler angepaßt werden.
- Der Einsatz des Arbeitsprojektors garantiert den Lehrer-Schüler-(Blick-)Kontakt, der für rationelles, personenbezogenes und sachgemäßes Helfen und Fördern im Fremdsprachenunterricht unbedingt erforderlich ist. Somit ist dem Lehrer u. a. jederzeit die Möglichkeit gegeben, Erfolgsmomente zu bestätigen, einzuordnen und zu verstärken.
- Der Einsatz von Transparenten unterstützt das Gliedern und Analysieren und bereitet durch eindeutige Fixierungen und Zuordnungen der Teile zueinander bzw. zur Gesamtsituation die Verbalisierung der strukturierten Zusammenhänge vor.
- In Drillphasen können Übungsprozesse mit Hilfe weitgehend vorgefertigter Transparente dadurch in Gang gehalten und vorangetrieben werden, daß mit einigen wenigen Strichen kleine Situationsänderungen (Ausbau, Vergröberung, Verfeinerung) vorgenommen und somit neue Motivationen gesetzt werden.
- Im fremdsprachlichen Anfangsunterricht wirkt sich die Möglichkeit, mit transparenten Gegenständen auf der Projektionsfläche zu arbeiten, äußerst sprechfördernd in Darbietungsphasen und Einschleif-

übungen aus (Einführung von Zahlwörtern, Farbadjektiven, Spielzeug etc.).
— Die meisten bisher auf dem Lehrmittelmarkt für den Fremdsprachenunterricht erschienenen Transparente wollen und können eine schlaglichtartige Beleuchtung, Durchdringung und Einordnung bestimmter grammatischer Phänomene erreichen helfen.

Der methodisch-psychologische Aspekt der Arbeit mit dem Arbeitsprojektor kann im Rahmen dieser Abhandlung nur thesenartig aufgezeigt werden. Auf der Grundlage konzentrierter Schülerbeobachtungen und material- und mediumbezogener Unterrichtserfahrungen können die folgenden Feststellungen getroffen werden:

— Die bei der Planung und Durchführung von Unterrichtsstrategien mitbestimmenden Funktionen des Arbeitsprojektors basieren auf der für alle visuellen Medien geltenden Annahme, daß Gesehenes und sprachlich Erfaßtes sich beim Schüler bildhaft soweit festigt, daß sich bei später fehlender äußerer Wahrnehmung das innere Bild, die innere Anschauung, als fester Bestandteil des Sache-Sprache-Bezugsganzen wieder einstellt (vgl. FLÜGGE, 1963, S. 122).
— Der Arbeitsprojektor hilft Arbeitsvorgänge und Handlungsabläufe für den Fremdsprachenunterricht in Form von „Momentaufnahmen" fixieren; „suspended actions" und „freezing actions" (LEE) garantieren den Schülern eine ihrem Sprach-Auffassungsvermögen angemessene Informationsaufnahme bzw. -verarbeitung.
— Transparentanfertigung und -einsatzmöglichkeiten erlauben die weitgehende Anpassung der Teilschritt-Forderungen einer Übungsfolge an das Lerntempo und das vorhandene gesicherte Sprachverhalten der Gruppenmitglieder.
— Die Arbeit mit dem Arbeitsprojektor im Fremdsprachenunterricht ist verhaltenspsychologisch stark voraussetzungsgebunden. Eine didaktisch sinnvolle Arbeit mit diesem Medium ist nur dann zu erzielen, wenn die Schüler aufgrund ihrer Vorerfahrungen soweit geschult worden sind, daß sie
  a) Sehgewohnheiten besitzen, die den Zugriff über das Auge ermöglichen,
  b) Einzelheiten auf den skizzenhaft oder „vollendet" angefertigten Transparenten zueinander in Beziehung setzen können,
  c) symbolhafte Darstellungen erkennen,
  d) einzelne Bildteile und Strukturen mit bekannten sprachlichen Erscheinungsformen in Verbindung bringen.

2. Unterrichtsbeispiel

An einem Beispiel soll gezeigt werden, wie einige der aufgeführten Überlegungen und Erfahrungen in konkrete Einsatzmöglichkeiten umgesetzt werden können.

Dick's Adventure

2.1. Didaktische Analyse (im Aufriß)

Der Bildinhalt ist von Schülern im 3. und 4. Unterrichtsjahr zu versprachlichen. Wortschatz und grammatische Strukturen entsprechen dem Leistungsstand einer Lerngruppe im 7. und 8. Schuljahr.
Ein grammatikalischer Schwerpunkt ist nicht gesetzt bzw. intendiert. Situationsangemessene Aussagen und Fragen können bzw. müssen im

Present Progressive, Present Perfect, Futur, Simple Present, Simple Past und Past Progressive formuliert werden. Damit ist der didaktische Ort der Bildergeschichte eher im 4. als im 3. Unterrichtsjahr des Englischlehrgangs an der Hauptschule anzusiedeln, während Real- und Oberschüler auf Grund der derzeitig gültigen Richtlinien in den meisten Bundesländern die Teilszenen in der 7. Klasse sprach- und situationsgerecht verbalisieren können.

In der Bilderabfolge treffen für viele Jungen und Mädchen der angesprochenen Altersstufe Wunschwelt und Wirklichkeit aufeinander. Entwicklungs- und motivationspsychologische Faktoren sind bildtechnisch und szenisch in glücklicher Koppelung didaktisch aufbereitet worden. Die Szenen der einzelnen Bilder werden von den meisten Schülern als lebensnah und — auf Grund verschiedener Pressemeldungen — zum Teil auch als immer wieder aktuell anerkannt. Beide Momente begründen Interesse, das durch den eingesetzten „didaktischen Personalismus" (HEUER, 1968, S. 26) in eine stabile Lernmotivation umgewandelt und als solche bei der methodischen Inszenierung zugrunde gelegt werden kann.

Der in den Bildern eingefangene lexikalische und grammatische Bereich ist einfach gehalten, so daß die gedankliche Durchdringung der Szenen(-abfolge) ohne sprachliche Hindernisse möglich ist. Die in Teilszenen auftretenden Personen (Bild 1, 3, 4) „verkörpern" die in den Bildern enthaltene Dynamik und gewährleisten eine schülergerechte Behandlung der bild- und sprachimmanenten englandkundlichen Elemente.

Auf Grund der didaktischen Anlage dieser Bildergeschichte und der Lernsituation der Schüler im 3. und 4. Unterrichtsjahr fällt es dem Lehrer leicht, die wichtigsten Unterrichtsprinzipien für einen modernen Fremdsprachenunterricht mit Hilfe des Arbeitsprojektors zu verwirklichen. So kann er zum Beispiel den Inhalt vornehmlich mündlich, anschaulich und einsprachig erarbeiten, unbekannte Begriffe kontextgebunden einführen und semantisieren, die Schüler durch für sie erkenn- und erreichbare Nahziele im Fortgang des Unterrichts neu motivieren und das Prinzip des Wechsels der Techniken ebenso anwenden wie das des Verweilens.

Das vorliegende didaktisch aufgeladene Bildmaterial hat eine aktivierende und steuernde Wirkung, die bei entsprechender optischer Wiedergabe über den Arbeitsprojektor situationsangemessene Reaktionsweisen auslöst. Die dargestellten Signale, Zeichen, Handlungen und Zustände helfen den Kontext erfassen und fördern den Prozeß der verbalen Kommunikation, da die Bilder die Gegenstände stark vereinfachen und somit den Impulscharakter hervortreten lassen, der differenzierte verbale Reaktionen unter Ausschaltung der Muttersprache initiiert und die Gefahr der Sachauseinandersetzung bannt.

2.2. Methodisches Vorgehen

Für eine „beispielhafte" Darstellung der genannten Funktionen des Arbeitsprojektors im Englischunterricht bieten sich u. a. folgende Möglichkeiten an:
— die protokollarische Wiedergabe einer durchgeführten Unterrichtseinheit;
— die beschreibende Darstellung von Beobachtungen, die während der Arbeit mit dem Arbeitsprojektor in einer Unterrichtseinheit gemacht wurden;
— die analysierende und kommentierende Schilderung von Unterrichtsphasen oder ganzen Stundenbildern mit Transparenten.

Da aber bei allen Darstellungsweisen die Gefahr besteht, den hermeneutischen Aspekt (als reflektierte Unterrichtswirklichkeit) vor bzw. über den pragmatischen (das tatsächliche Unterrichtsgeschehen) zu setzen, soll aus der Beobachtung und über die Reflexion ein Lerngang skizziert werden, in den das Medium lernzielbezogen funktional integriert ist und seine ihm eigenen Leistungen in unterschiedlicher In- und Extensivität in dem durch Lehrer- und Schüleraktionen bestimmten und geformten Vorgang verdeutlichen.

2.3. Darstellung des Unterrichtsablaufs

Grobziel:
Steigerung der Ausdrucksbereitschaft und -fähigkeit, der Verfügbarkeit eines begrenzten Formenschatzes, der Sicherheit im Gebrauch der Tenses.

Feinziele:

2.3.1. Die Schüler können die Gegenstände auf den 4 Bildern richtig benennen, ihre Lagebeziehungen situationsgerecht formulieren und die Personen sprachgerecht beschreiben.

Methodischer Weg:

Lehrerverhalten	*Anforderungen an die Schüler*	*Schülerverhalten*	*Funktionen des Arbeitsprojektors*
— legt Transparente (1—4) hintereinander auf den Arbeitsprojektor — bedient den Projektor — zeigt auf bestimmte Gegenstände (auf dem Transparent) — verbessert unsaubere Artikulationen	— Erkennen und Benennen der Gegenstände — Erkennen und Beschreiben der verschiedenen Lagebeziehungen	— reagieren auf Zeigen und Fragen — formulieren, antworten	statisch: präsentiert die Transparente (Einzelbilder 1—4)

2.3.2. Die Schüler können die Handlungen und Vorgänge situationsangemessen verbalisieren.
Methodischer Weg:

Lehrerverhalten	Anforderungen an die Schüler	Schülerverhalten	Funktionen des Arbeitsprojektors statisch/dynamisch:
— legt 1. Bild auf — fragt: "What are the people doing?" — gibt visuelle und verbale Formulierungshilfen — (Einführung neuer Verben) — fragt: "What happens with the things?" — speist neues Vokabular in „Bedarfssituation" ein — gibt Formulierungshilfen — fixiert Schriftbilder der neuen Begriffe neben, über, unter den zugehörigen Abbildungen	— Erkennen und Verbalisieren von einzelnen Handlungen, dargestellten Bewegungen bzw. Vorgängen — Erfassen der Bedeutungsinhalte — Imitatives Einprägen — Strukturieren des jeweiligen Bildaufbaus — Abheben von Einzelaspekten — Formulieren der Antworten auf evtl. Lehrerfragen — Aufnehmen und imitierendes Anwenden neuer Begriffe	— beschreiben Bewegungen bzw. Handlungen der Personen — beschreiben Vorgänge — sprechen nach — zeigen und sprechen — antworten — sprechen (im Chor, in der Gruppe, einzeln) nach — zeigen und sprechen an der Projektionsfläche bzw. demonstrieren auf dem Transparent	— Transparent präsentiert Situation — ein- und abgrenzende bzw. hervorhebende Folienstreifen werden auf das Transparent gelegt — und bewegt. — bestimmte Gegenstände (z. B. Kiste am Kranseil, Kiste auf Lastauto, Kistendeckel etc.) werden als Bildsegmente auf dem Transparent bewegt

2.3.3. Die Schüler können den Handlungsablauf in 10 bis 15 Sätzen anhand des aufbereiteten Wort- und Formenschatzes entwickeln und — dem Aufbau der Einzelbilder entsprechend — zumindest verständlich formulieren.

Methodischer Weg:

Lehrerverhalten	Anforderungen an die Schüler	Schülerverhalten	Funktionen des Arbeitsprojektors
— legt Transparente in der Reihenfolge 1—4 auf — überdeckt handlungstragende bzw. bestimmende Bildsegmente mit farbigen Folienteilen (overlay) — ordnet Verben bzw. Strukturen (Schriftbilder auf Folienstreifen) bestimmten Bildausschnitten zu (overlay) — gibt visuelle und akustische Formulierungs- und Artikulationshilfen — kontrolliert	— Erfassen wesentlicher, den Handlungsablauf bestimmender Faktoren — Verbalisieren handlungsbezogener visueller Signale, Zeichen und Bildsegmente — Integrieren visueller Verbalisierungs- und Formulierungsanleitungen bzw. -hilfen in ihren aktiven Sprachschatz	— erkennen herausgestellte bzw. hervorgehobene Bildinhalte — reagieren sprachlich auf visuelle Formulierungsanreize bzw. -hilfen und Steuerungsfaktoren — wiederholen (einzeln, im Chor) Kernsätze und Schlüsselwörter	statisch/dynamisch: — präsentiert die 4 Transparente — macht sinntragende und handlungsbestimmende Bildsegmente augenfällig (overlay!) — schafft Übungs- bzw. Entwicklungszwänge (overlay!) — bietet situationsbezogenes, Handlung charakterisierendes Wort- und Formenmaterial optisch „einleuchtend" an — in echten Bedarfssituationen — paßt durch bildliche und graphische Einblendungen die Anforderungshöhe dem augenblicklichen, situationsbedingten Lernvermögen an

Auf die Skizzierung weiterer methodischer Möglichkeiten, d. h. die lernzielorientierte, übungsthematisch bestimmte und lernpsychologisch angemessene funktionale Integration des Arbeitsprojektors in ein in zunehmendem Maße dynamischer werdendes Unterrichtsgeschehen kann an dieser Stelle verzichtet werden. Sie müßte sich im wesentlichen auf eine schlaglichtartige Beleuchtung der Funktionen eines Arbeitsprojektors beschränken. Anhand der Bilder 1, 3 und 4 sowie eines sukzessiven Bildaufbaus der „Police Station" ließen sich weitere weitgehend von diesem Medium ermöglichte (und festgelegte) Verwirklichungsansätze und Kontrollverfahren für neue Lernziele aufzeigen. Feinziele wie „Die Schüler können zu dargebotenen Teilszenen Dialoge entwickeln", „Sie können den Bildinhalt ohne Lehrerhilfe in Verbindung mit der Rollenübernahme wiedergeben" oder „Sie können selbständig — unter Anleitung von Signalwörtern — Fragen an die Situationen stellen und dabei Fragemuster abwandeln" könnten unter Berücksichtigung behavioristischer und kognitiver Momente mit Hilfe des Arbeitsprojektoreinsatzes fach- und sprachgerecht in eine Abfolge von zielbezogenen und zielverwirklichenden „Steps" umgesetzt werden.

Aus dem aufrißartig dargestellten Unterrichtsgeschehen geht deutlich hervor, daß durch den Einsatz des Arbeitsprojektors die Erfolgsaussichten der Operationalisierungsmaßnahmen steigen können, weil

— die Arbeit mit und an der Folie die Höhe der jeweils geforderten Leistung genau festlegen und einordnen hilft;
— der Arbeitsprojektor die Möglichkeit bietet, aus dem Bildaufbau bzw. aus der Übungslage ein den Inhalten, der Form und dem angestrebten Ziel angemessenes Überprüfungsverfahren abzuleiten;
— die funktionale Integration dieses Mediums eine weitgehende Aufhebung einer evtl. gegebenen Begrenzung der Lernsituation über längere Unterrichtsstrecken gewährleistet;
— dies Lehr- und Lernmittel in der Planung und Durchführung des Unterrichts eine fachadäquate Berücksichtigung von Interdependenz, Variabilität und Kontrollierbarkeit (vgl. HEIMANN u. a., 1966, S. 44) garantiert.

Elmar Roth

Die Arbeit mit visuellen Einzelmedien auf dem Gebiet der Literaturkunde Englisch, Sekundarstufe II

1. Diareihen

Es gibt bis jetzt nur wenige Diareihen, die eigens für den fremdsprachlichen Literaturunterricht zusammengestellt worden sind. Das „Institut für Film und Bild" bietet für den Englischunterricht folgende Diareihen an: R 741 „William Shakespeare" (17 Dias); R 2024 „Englische Romantik" (21 Dias); R 419 „Charles Dickens und seine Zeit" (13 Dias).
Für den Französischunterricht liegt die Reihe R 477 „Jean-Baptiste Molière und sein Theater" (13 Dias) vor.
Zu jeder Diareihe wird ein Beiheft mitgeliefert, das ausführliche Kommentierungen der einzelnen Bilder enthält, eine große Hilfe für den Lehrer bei der Unterrichtsvorbereitung, die jedoch noch größer wäre, wenn die Beihefte auch in der Fremdsprache erhältlich wären (wie das z. B. bei den landeskundlichen Diareihen über England der Fall ist).

1.1. Ziel des Einsatzes

Am Beispiel der Diareihe „William Shakespeare" sollen die Möglichkeiten des Einsatzes solcher Lichtbilder im Literaturunterricht aufgezeigt werden.
Ohne einen Sinn für Allegorie und Symbolik wird man kaum in Shakespeares Werk eindringen können. Diesen Sinn in den Schülern zu wecken, wird daher unser Ziel sein müssen, ehe wir mit ihnen ein Shakespeare-Stück lesen. Die Dias 7, 12 und 1 eignen sich gut hierfür.

1.2. Methodisches Vorgehen

Wir haben vielleicht schon eines jener Renaissance-Lieder mit den Schülern erarbeitet (z. B. „To Celia" von Ben Jonson — „Drink to me only with thine eyes..." — mit der bekannten, T. Harrington zugeschriebenen Melodie), bei denen sie etwas von der Symbolträchtigkeit erkennen können, von der die englische Kunst jener Epoche geprägt war. Daran können wir anknüpfen, wenn wir ihnen — zunächst kommentarlos — das Dia 7 vorführen, das ein Hochzeitsfest darstellt. Sie sollen es betrachten und dann auf englisch beschreiben; schließlich sollen sie herausfinden, was das Bild aussagt. Während es hier vor allem darum geht, die Bedeutung allegorischer Auftritte und die enge Verbindung von Musik und darstellender Kunst im Leben der damaligen Zeit herauszustellen, sollen die Schüler bei der Betrachtung und Deutung des Dias 12, eines Miniaturgemäldes eines „unknown young man", hinter die Symbolik des Bildes kommen. Manches werden sie selber deuten können (z. B. die Bedeutung der auf dem Herzen ruhenden Hand), zu manchem wird ihnen der Lehrer Hinweise geben müssen, der sich seinerseits wiederum auf den Text des Beiheftes stützen kann. Jetzt werden sie auch das Dia 1, ein Portrait der Königin Elisabeth, mit anderen Augen betrachten und von sich aus eine Deutung versuchen können. Die so gewonnene Erkenntnis, daß die Menschen jenes Zeitalters einen ausgeprägten Sinn für Symbolik gehabt haben müssen, finden die Schüler bestätigt, wenn sie entsprechende kulturkundliche Texte über jene Zeit lesen, z. B. den im Oberstufenband von „Britain and America" (Seite 191 f.) abgedruckten Beitrag „The Cultural Background of Shakespeare's Time" (der übrigens mit demselben Bildausschnitt von Sir Henry Untons Hochzeitsfest illustriert wird, den unser Dia 7 bringt).

Dia 1 (Königin Elisabeth) und Dia 15 (König Jakob I) geben uns einerseits Gelegenheit zu symbolischen Deutungen, andererseits zu Hinweisen auf den geschichtlichen Hintergrund, vor dem Shakespeare sein Werk schuf. Vier weitere Dias sollen die Beschreibung der Shakespeare-Bühne, die wir einem Lesebuch oder einer Schulausgabe des zu lesenden Werkes entnehmen, veranschaulichen (vielleicht zusammen mit einem Schülerreferat über dieses Thema): Wir zeigen zunächst Dia 5 (Court of an Inn) und Dia 13 (Hall in one of the Inns of Court) und erläutern an ihnen, wie sich das „Open-Air Theatre" und das „Indoor Theatre" entwickelt haben. Auf Dia 8 (Ausschnitt aus J. C. Vischers „View of London") erkennt man das Londoner „Vergnügungsviertel" Southwark (nicht „Cheapside", wie es im Beiheft auf Seite 7 und 8 heißt!) am Südufer der Themse, das damals nicht der Gerichtsbarkeit des Londoner Magistrats unterstand. Hier ist auch Shakespeares „Globe Theatre" zu sehen, das der Dramatiker mit seinen Kollegen erbauen ließ, nachdem man ihrem am Nordufer gelegenen „Theatre" die Bodenpacht gekündigt hatte. Nach diesem Bild wird es angebracht sein, über das Verhältnis des Londoner Magistrats zu den Schauspielern zu sprechen und entsprechende Texte dazu zu lesen, sofern das nicht von den Schülern zuvor in selbständiger Arbeit getan worden ist. Schließlich zeigen wir Dia 9 (Swan Theatre, skizziert von dem Holländer de Witt). Den Schülern fällt vielleicht auf, daß sie dieselbe Skizze auch in ihren Büchern finden (z. B. im Oberstufenband von „Britain and America" und in den Shakespeare-Schulausgaben des Verlags Lambert Lensing, Dortmund). Tatsächlich ist diese Skizze die einzige zeitgenössische Darstellung eines Theaterraums, die uns erhalten ist. Ihre Zuverlässigkeit wird allerdings angezweifelt. Daher sollten wir mit den Schülern noch einen oder mehrere der Rekonstruktionsversuche betrachten, damit sie sich das Bühnengeschehen, wie es sich auf einer Shakespeare-Bühne abspielte, vergegenwärtigen können, wenn sie ein Shakespeare-Drama lesen. (Zwei solche Rekonstruktionsskizzen finden sich in den Schulausgaben des Verlags Lambert Lensing.) Obwohl sich Schüler für einen Dichter meistens erst interessieren, wenn sie mit seinem Werk bekannt geworden sind, werden wir jetzt der Vollständigkeit halber noch die Dias 4 (Geburtshaus), 17 (Grabplatte) und 3 (Portrait) zeigen. Sofern beabsichtigt ist, danach „Macbeth" mit den Schülern zu lesen, eignet sich Bild 11 (Holzschnitt mit den „weird sisters", Macbeth und Banquo — aus Holinsheds Chronik) als Überleitung. Die Schüler beschreiben das Bild. Über die beiden Männergestalten geben wir ihnen Auskunft, über das Wesen der weiblichen Gestalten lassen wir die Schüler jedoch ihre eigenen Vermutungen anstellen. Im Anschluß an eine Schallplatten- oder Tonbandvorführung der 1. Szene (Hexenszene) (Tb 188 des Instituts für Film und Bild: W. Shakespeare: Macbeth) sollen die Schüler versuchen, Zusammenhänge zwischen den Hexenstimmen und den weiblichen Gestalten des Holzschnittes zu erkennen. Vor allem nachdem die Schüler die 3. Szene kennengelernt haben, kann nochmals auf das Bild Bezug genommen und über die Ähnlichkeiten und Unterschiede zwischen dieser bildlichen und der szenischen Darstellung gesprochen werden. An dieser Stelle könnte auch kurz auf den Text der Vorlage eingegangen werden, wie er im Beiheft Seite 11 nachzulesen ist. (Wir können ihn auf Folie schreiben oder durch einen Schüler schreiben lassen und ihn mit dem Arbeitsprojektor vergrößert an die Wand projizieren.)

1.3. Didaktische Überlegungen

Nur 12 von den 17 Dias der Reihe wurden von uns eingesetzt. Man wird wohl immer gezielt auswählen müssen. Der Zweck des Einsatzes von Dias kann sein:
— Information (z. B. hier: Dia 3, 4, 17)
— Veranschaulichung (z. B. Dia 5, 8, 9, 13)
— Gesprächsanstoß (z. B. Dia 7, 11, 12)
Oft verfolgt man mit einem Bild mehrere Zwecke. Am willkommensten werden im Literaturunterricht der Sekundarstufe II jedoch solche Bilder sein, die zum Gespräch stimulieren. Bei ihnen wird man daher auch am längsten verweilen. Oft genügen zwei oder drei Bilder dieser Art in einer Unterrichtsstunde, während Bilder, die lediglich der Information dienen, in größerer Zahl hintereinander gebracht werden können. Bilder, die zur Veranschaulichung oder als Gesprächsanstoß eingesetzt werden, eignen sich meistens auch zur „Wortschatzarbeit". Bei der Deutung des Dias 12 werden z. B. Wörter wie „steadfastness, constancy, steadiness, firmness, perseverance, affection, faith, faithfulness, fidelity", also sittliche Begriffe und Tugenden, eine Rolle spielen und zusammengestellt werden. Daher werden wir mit solchen Bildern Schwerpunkte setzen — so wie wir es bei unserm Beispiel getan haben.

2. Einzelbilder

Oft genügt ein einzelnes Bild als Gesprächsanstoß. Meistens werden wir dann ein gut erkennbares Großbild der Diaprojektion vorziehen, da sich das Aufstellen eines Projektors wegen eines einzelnen Dias selten lohnt und unsere Unterrichtsräume auch nicht immer mit Geräten ausgestattet sind, die eine Hellraumprojektion erlauben; im halb oder ganz abgedunkelten Raum sind Gespräche nicht so leicht zu führen.

2.1. *Bühnenaufnahmen* können bei der Dramenerarbeitung nicht nur zur Veranschaulichung der Szenen beigezogen werden, ihre Betrachtung kann auch eine Auseinandersetzung mit den Charakteren und Problemen auslösen oder eine Deutung anbahnen helfen. Betrachten wir z. B. ein Szenenbild vom 3. Akt aus Thornton Wilders „Our Town", so sehen wir vom Standpunkt der Zuschauer aus rechts die Lebenden, links die Toten.

In Wirklichkeit — nämlich von der Bühne aus gesehen — befinden sich die Toten „rechts" und die Lebenden „links". Die Sicht der Lebenden ist durch die schwarzen Regenschirme, die sie alle tragen, verdeckt: Ihr Wissen ist beschränkt. Die Toten wissen mehr; ihr Blick ist ins Weite gerichtet. Zu dieser Erkenntnis kommen die Schüler selber bei der Betrachtung des Bildes. Natürlich könnten sie auch aus den Regieanweisungen entnehmen, wie man sich diese Szene vorzustellen hat. Doch um zu den daraus zu ziehenden Folgerungen zu gelangen, bedürfte es einer ganzen Kette von Fragen und Denkanstößen durch den Lehrer. Durch das Bild hingegen wird die Symbolik der dunklen Schirme so augenfällig, daß es nur noch eines kurzen Hinweises durch den Lehrer auf den Standort der beiden Gruppen bedarf. Stehen noch weitere Bühnenbilder zur Verfügung, so erübrigt sich eine weitere Untersuchung der Regieanweisungen: Die Schüler können sehen, daß in allen drei Akten auch der Stage Manager sich auf der rechten Seite befindet — der Stage Manager, der mehr weiß als die übrigen Menschen. Und auch Doktor Gibbs wohnt rechts, während der Redakteur Webb auf der linken Seite angesiedelt ist — sein Wissen ist vordergründiger als das des Arztes. Die Schüler erkennen, daß Wilder, der hier einen Brauch aus den mittelalterlichen Mysterienspielen wieder aufgreift, durch den Standort, den er jedem Spieler zuweist, etwas über ihn aussagen will; und sie gelangen über die Bilder zu einer Deutung des Stücks.

2.2. *Lyrik* zu erarbeiten ist im fremdsprachlichen Unterricht doppelt schwierig: Zu der Schwierigkeit der gedichtgerechten Einstimmung kommt die der sprachlichen Entschlüsselung. Geeignetes Bildmaterial kann hier den Einstieg erleichtern. Einige Herbstbilder z. B., Bildkalendern entnommen, werden betrachtet und beschrieben; Wortmaterial wird dabei gesammelt und die Stimmung des jeweiligen Bildes zu erfassen versucht. Dann folgt die schrittweise Lektüre der Ode „To Autumn" von John Keats, wobei Vergleiche zu den betrachteten Bildern gezogen werden können, aber auch neue „images" entdeckt werden dürften.
Ein oder mehrere Schüler erhalten nachträglich eine zusätzliche Aufgabe: Sie sollen Dias mit herbstlichen Motiven, welche Lehrer und Mitschüler beigesteuert haben, so zusammenstellen und ordnen, daß sie beim Rezitieren des Gedichtes durch Einzelsprecher und Chor untermalend auf die Leinwand projiziert werden können.

3. Bildergalerie

Zur Einstimmung in Gedankenlyrik eignet sich eine „Picture Gallery". Gut erkennbare Bilder, die mit Schriftleisten versehen sind, werden in Abständen ausgelegt oder aufgehängt, so daß die Schüler von Bild zu Bild gehen können, um sie zu betrachten. Auf den Schriftleisten stehen Leitfragen zu den Bildern, die zugleich auf die Erschließung des zu erarbeitenden Gedichtes ausgerichtet sind. Die Schüler beantworten die Fragen stichwortartig auf einem Notizzettel, während sie von Bild zu Bild weitergehen. Vor der Erschließung des Gedichts „Mending Wall" von Robert Frost kann man z. B. Bilder von der Berliner Mauer aushängen mit der Frage nach dem Zweck einer solchen Mauer, dazu ein Bild mit Reihenhäusern und Trennmauern, wobei die Frage aufgeworfen wird, ob diese Trennmauern demselben Zweck dienen wie die Berliner Mauer; als Ergänzung vielleicht noch Bilder von mittelalterlichen Stadtmauern, auch solchen, die schon halb zerfallen sind. Jeder einzelne Schüler befaßt sich dabei mit dem angerissenen Problem, so daß danach eine lebhafte Erörterung möglich und die Bereitschaft zur Auseinandersetzung mit Frosts Gedicht da sein wird. Praktisch sind wir dann zweimal denselben Deutungsweg gegangen: vom Vordergründigen, Visuellen zum Hintergründigen. Zugleich erkennen die Schüler den aktuellen Bezug der dichterischen Aussage. Jeder Fremdsprachenlehrer sollte sich daher eine Sammlung solchen Bildmaterials anlegen, auf die er in sehr vielen Fällen zurückgreifen kann, wo ein verbaler Stimulus keine so starken Impulse auszulösen vermag.

Solches Bildmaterial kann man natürlich auch zur Erschließung anderer literarischer Gattungen beiziehen, z. B. der Short Stories. Eine Anti-Kriegs-Geschichte wie „The Upturned Face" von Stephen Crane läßt sich sehr wohl vorbereiten, indem man die Schüler zu Bildern von heutigen Kriegsschauplätzen Stellung nehmen läßt, auch wenn das von Crane dargestellte Geschehen schon über hundert Jahre zurückliegt.

Bei längeren erzählenden Werken, vor allem bei Romanen, kann man auch nach der Erarbeitung des Werkes Bilder aus illustrierten Ausgaben einsetzen, sofern solche vorhanden sind. Wir fotokopieren die Illustrationen (aber ohne Bildunterschriften), numerieren sie und legen sie in verkehrter Reihenfolge aus. Die Schüler müssen sie dann den betreffenden Stellen im Werk zuordnen und ihre Entscheidungen begründen. So können wir das ganze Werk nochmals in seinen Grundzügen überschauen. Eine „Bildergalerie" kann manchmal auch lediglich zu einer Ausgangsfrage hinlenken wollen. Hier ein Beispiel: Wir wollen, daß die Schüler nach der Lektüre einer Short Story von Hemingway („The Killers") und von Steinbeck („Flight") auf die Frage kommen, ob es möglich ist, einen Dichter an seinem Stil zu erkennen. Wir gehen dabei den Umweg über die Betrachtung von Gemäldereproduktionen. Wir legen Gemälde französischer Rokokomaler neben möglichst motivgleichen Gemälden von Thomas Gainsborough vor, lassen sie vergleichen, und die Schüler werden zur Erkenntnis kommen, daß hier wesentliche Stilunterschiede festzustellen sind, obwohl die Gemälde in der gleichen Epoche entstanden sind. Beim Vergleich von Landschaftsbildern der im selben Jahr 1839 geborenen Maler Cezanne und Hans Thoma werden die Schüler ohne Schwierigkeiten herausfinden, welche der Bilder dem jeweiligen Künstler zuzuordnen sind, und dies auch begründen können. Die Schüler werden dabei nicht nur dazu gebracht, sich über Stilfragen auf englisch zu äußern, sondern sie werden die Fragestellung, ob man Künstler derselben Epoche an ihrem Malstil erkennen kann, auch auf die Literatur übertragen können. So wie sie es fertigbrachten, festzustellen, welchem der beiden Maler ein Bild zuzuordnen sei, müßten sie nun sagen können, ob die Short Story „A Day's Wait", die wir ihnen ohne Nennung des Autors vorlesen, Hemingway (geb. 1899) oder Steinbeck (geb. 1902) zuzuordnen sei. (Interessant ist, daß das Mittelstück dieser Short Story von den Schülern meistens Steinbeck zugeschrieben wird, was uns dann veranlassen kann, zu untersuchen, weshalb Hemingway hier von seinem sonstigen Stil abweicht.)

An unserem letzten Beispiel wird klar, daß ein Vergleich literarischer Werke durchaus in zeitlichem Nacheinander erfolgen kann, während der Bildvergleich besser im Nebeneinander durchgeführt wird; für den Bildvergleich eignet sich also eher die „Bildergalerie" als die Diaprojektion.

4. Dokumentarfilme

Für den Fremdsprachenunhtericht sind zu unterscheiden:
a) Filme mit englischem Kommentar
b) Filme mit deutschem Kommentar
Von ersteren hat das Institut für Film und Bild nur einen in seinem Programm: FT 781: John F. Kennedy spricht zu den Berlinern. British Council und Amerikahäuser können jedoch eine große Auswahl englischsprachiger Dokumentarfilme anbieten. Deutschsprachige Dokumentarfilme, vor allem solche mit landeskundlichen Themen, hat das Institut

für Film und Bild in größerer Auswahl. Für den Literaturunterricht ist jedoch die Sprache des Kommentars gar nicht so entscheidend, auch nicht unbedingt der landeskundliche Aspekt. Denn häufig sollen hier Dokumentarfilme nicht der Information, sondern der Einstimmung oder Gesprächsauslösung dienen. Sie haben somit dieselbe Funktion wie das „stehende" Bildmaterial. Manche Filme werden wir nur ausschnittweise vorführen, oft nur als Stummfilme (mit abgeschaltetem Ton). Auch der auf Videoband oder Bildplatte gespeicherte Dokumentarfilm kann beigezogen werden. Bild-Ton-Aufzeichnungen werden künftig, wenn einmal die Fremdsprachen-Fachräume mit Fernsehgeräten ausgestattet sind, für den Unterricht noch geeigneter sein als die herkömmlichen Filme, denn

— im unverdunkelten Raum können Gespräche leichter ausgelöst und geführt werden,
— man kann den gewünschten Filmausschnitt rascher finden,
— der Lehrer kann das Gerät bedienen, auch wenn er gleichzeitig frontal zur Klasse gewandt sein möchte, um das Gespräch nicht unterbrechen zu müssen,
— die Tonqualität ist meistens besser (sofern wir den Ton brauchen),
— künftig wird dadurch viel mehr Material zur Verfügung stehen, da wir es uns selbst beschaffen können, indem wir geeignete Fernsehsendungen mitschneiden. Denn das geeignete Material ist sehr vielfältiger Art: von Großstadtszenen über Landschaftsdarstellungen bis zu Naturstimmungsbildern, je nach dem Zweck, den wir mit seinem Einsatz verfolgen.

In den vom Deutschen Fernsehen wöchentlich ausgestrahlten „News of the Week" werden häufig Auszüge aus Reden gebracht. Wenn wir solche mitschneiden und den Schülern vorführen, werden sie dadurch stark motiviert werden, weil zum gesprochenen Wort die Gestik des Redners kommt. Die Rede, eine besondere literarische Gattung, wird in den angelsächsischen Ländern seit langem gepflegt, und wir sollten die Gelegenheit wahrnehmen, den Schülern authentische Reden aus jüngster Zeit darzubieten. Seit Lincolns „Gettysburg Address" gelten die Amerikaner als Meister der kurzen, durchgegliederten, prägnanten Ansprache. Ein Glanzbeispiel hierfür ist John F. Kennedys Ansprache vor dem Berlin-Schöneberger Rathaus. Sie ist auf Tonband (Tb 351) zusammen mit zwei weiteren Kennedy-Reden und als Tonfilm (FT 781) erhältlich. Die Tonqualität des Bandes ist besser als die des Films. Wird Schülern zuerst der Film vorgeführt, so erhalten sie zwar von Anfang an einen Eindruck von der Atmosphäre und dem Fluidum, das den Redner umgab, sie sind aber doch enttäuscht, daß sie nur wenig davon verstanden haben. Daher sollte ihnen zuerst das Tonband vorgespielt werden; danach ist eine Analyse des Aufbaus und Gedankengangs der Ansprache angebracht (der Text ist im Beiheft abgedruckt), wobei vielleicht auch die Frage auftaucht, ob diese Ansprache das Ergebnis einer spontanen Eingebung oder — wie etwa Lincolns Gettysburg Address — bis ins Detail ausgearbeitet war. Wenn die Schüler mit dieser Fragehaltung dann den Film betrachten, werden sie vor allem die Gestik des Redners genau beobachten und das Gefühl haben, daß diese Gestik das Verständnis des Gesprochenen erleichtert. Zur weiteren Illustration könnte der mit deutschem Kommentar versehene Tonfilm „Wahlkampf in den USA 1960" (zwischen Kennedy und Nixon), der allerdings eine Laufzeit von 54 Minuten hat, vorgeführt werden (FT 784); er fördert zwar kaum die Sprachbeherrschung der Schüler, ist aber von hohem landeskundlichem Wert und veranschaulicht auch, wie politische Reden angelegt sein können.

5. Spielfilme

Spielfilme zieht man vor allem bei der Dramenbehandlung bei. Dramatische Stoffe können auf zweierlei Weise filmisch verwertet werden:
1. Man filmt ein Bühnenstück als Bühnenstück.
2. Man legt der filmspezifischen Gestaltung einen Dramenstoff zugrunde.

Filme der zweiten Art wird man erst nach der Erarbeitung des Dramas vorführen. Man wird die Unterschiede und das Filmspezifische herausstellen und untersuchen, ob sich die filmische Interpretation mit der von der Klasse erarbeiteten Drameninterpretation deckt. Mit Klassen, die solche Vergleiche schon öfter durchgeführt haben, könnte man nach der Dramenerarbeitung erörtern, wie ein Filmdrehbuch angelegt sein müßte, das diesen Dramenstoff filmisch verwertet; danach wäre das Interesse an der filmischen Gestaltung sicher sehr groß, gleich, ob der Film in deutscher oder englischer Sprache vorgeführt wird.

Auch gefilmte Bühnenstücke kann man nach der Erarbeitung des Dramas vorführen, am besten dann auf englisch. Die Filmvorführung dient dann der Veranschaulichung und kann vielleicht eine Theateraufführung ersetzen. Vor allem kann man die Vorführung an geeigneten Stellen unterbrechen und über die schauspielerische Interpretation sprechen; man kann, falls erforderlich, eine Szene auch mehrmals ablaufen lassen.

Mit der Vorführung eines gefilmten Bühnenstücks können wir noch einen anderen Zweck verfolgen: Man findet in der Literatur zur Didaktik des

Englischunterrichts des öfteren den Ratschlag, die Schüler schwierige literarische Texte, z. B. Shakespeare-Dramen, zuerst auf deutsch lesen zu lassen und dann nur Schlüsselszenen auf englisch zu erarbeiten. Denselben Zweck könnte eine deutschsprachige Filmvorführung dieses Bühnenstücks erfüllen, ja wohl sogar noch besser als das Buch, da die Übertragungen meistens freier und sprachlich flüssiger sind und das Stück gleich als Schauspiel erlebt wird. Der Schüler hat dann von vornherein das Stück als Ganzes vor Augen. Man kann bei der Interpretation der Schlüsselszenen das ganze Werk in Betracht ziehen und sichergehen, daß die Schüler die Spannungsmomente zumindest bei dieser ersten Vorführung wirklich erlebt haben; dringen wir hingegen bei unserer Dramenlektüre von Szene zu Szene vor, und das über Wochen hin, so erleben die Schüler oftmals diese Spannung überhaupt nicht, obgleich sie bis fast zuletzt über den Ausgang des Schauspiels im unklaren gehalten werden.

Setzen wir gefilmtes Theater unmittelbar nach der Erarbeitung der ersten Szenen ein — am besten in englischer Fassung —, so erleben die Schüler das bisher Gelesene als Theater und sind dann auch eher in der Lage, selber diese und die folgenden Szenen mit dem nötigen dramatischen Ausdruck zu lesen und sich in die Rollen hineinzuversetzen.

Recht instruktiv ist auch das Synchronisieren einer deutschsprachigen Fassung eines englischen Theaterstücks. Meistens sind diese Fassungen — zumal wenn es sich um Fernsehaufzeichnungen handelt — erheblich gekürzt. Die Schüler folgen beim ersten Vorspielen der Szene dem englischen Originaltext und klammern alles ein, was in der deutschen Fassung nicht vorkommt; dann liest man diese gekürzte englische Fassung mit verteilten Rollen, und schließlich liest man den englischen Text synchron zum Film, wobei der Ton abgestellt ist. Gelegentlich wird man den Film anhalten müssen, damit die Sprecher wieder „den Anschluß finden"; denn — das merken die Schüler bald — ein solches Synchronisieren ist gar nicht so einfach. Hierfür eignet sich übrigens das Videoband und die mit diesem mögliche Hellraumprojektion besser, weil das Anhalten und Zurückspulen und auch das Mitlesen hier leichter zu bewerkstelligen ist.

Daß man auch filmische Bearbeitungen erzählender Literatur — am besten wohl *nach* der Lektüre — zum Vergleich mit der Buchfassung heranziehen und dadurch oft fruchtbare Erörterungen von Formproblemen auslösen kann, sei zum Schluß noch kurz erwähnt, zumal auf diesem Gebiet besonders viel Material zur Verfügung steht.

6. Folien und Transparente

Folien und Transparente wird man immer dann einsetzen, wenn eine Stützung durch das Schriftbild die Erörterung erleichtert. Folgende Verfahren haben sich in der Unterrichtspraxis bewährt:

6.1. Zusammenstellung von Textstellen: Wenn der Lehrer vorhat, die Schüler während des Unterrichts Textstellen zu einem bestimmten Thema oder Problem heraussuchen zu lassen, über die dann gesprochen werden soll, so kann er diese Stellen schon vorher auf einer Folie zusammenstellen oder einen Schüler damit beauftragen. Da die Schüler ja dieselben Stellen herausfinden werden, bedeutet diese Vorarbeit keinen Vorgriff und kein Abwürgen oder Vergewaltigen. Es wird sich aber zeigen, daß die Textstellen besser analysiert und auch die Zusammenhänge zwischen ihnen deutlicher erkannt werden können, wenn die Schüler die Sätze zusammengestellt sichtbar vor Augen haben. Man schreibt sie in der Reihenfolge nieder, in der sie im Text erscheinen, und läßt sie von den Schülern auch in dieser Reihenfolge heraussuchen. Die Projektion einer Textstelle erfolgt jeweils erst, wenn ein Schüler die betreffende Stelle genannt hat. — Haben die Schüler das Heraussuchen von Textstellen als Hausaufgabe gestellt bekommen, so kann man die Zusammenstellung auf der Folie ebenfalls einem Schüler überlassen; man gibt ihm Folie und Filzschreiber mit nach Hause. In diesem Fall könnte man dann gleich die ganze Folie projizieren, und die Mitschüler würden ihre Zusammenstellung mit der projizierten vergleichen.

6.2. Zusammenstellung von Stichwörtern: Ebenso wie Textstellen kann man die Schüler Stichwörter zu einem Thema zusammenstellen oder Wörter unter einem bestimmten Aspekt sammeln lassen, z. B. „alle Abstrakta aus dem 2. Kapitel (von Goldings „Lord of the Flies"), die etwas über zwischenmenschliche Beziehungen aussagen". Auch diese Aufgabe kann man einem Schüler übertragen, und nach einer Bestandsaufnahme und etwaigen Ergänzung dient das projizierte Transparent als Gesprächsgrundlage.

6.3. Vergleich zweier Charakterisierungen: Zwei Schüler haben als Hausaufgabe die Charakterisierung des Protagonisten übernommen, und zwar eine stichwortartige Aufzählung der Charaktereigenschaften; die Eigenschaften haben sie auf ihren Folien untereinander angeordnet und nur jeweils die rechte Hälfte der Folie beschrieben. Die beiden Transparente werden nebeneinander projiziert, gemeinsame Punkte werden festgestellt und schließlich jene Stichworte unterstrichen, bei denen die Charakterisierungen Unterschiede aufweisen. An ihnen wird sich die Diskussion der Klasse entzünden.

6.4. Vergleich der Ergebnisse von Arbeitsgruppen: Die in Gruppen eingeteilte Klasse erhält Folien und Stifte, um die Erörterungs- oder Untersuchungsergebnisse stichwortartig festzuhalten. Auch sie beschreiben die Folien nur halbseitig, so daß jeweils zwei Zusammenstellungen zum selben Thema miteinander verglichen werden können. Je ein Vertreter einer Gruppe berichtet über die Ergebnisse seiner Gruppe, wobei er die Stichwortliste als Gedächtnisstütze zu Hilfe nehmen kann, die er mit einem leeren Blatt zugedeckt hält (man kann durch das Blatt durchlesen, wenn der Arbeitsprojektor eingeschaltet ist) und jeweils nur dann wieder um ein Stück aufdeckt, wenn das entsprechende Stichwort gefallen ist. Danach erfolgt der Vergleich mit dem Ergebnis der anderen Gruppe, wobei besonders auf jene Punkte eingegangen wird, in denen die Gruppen divergieren.

6.5. Vergleich verschiedener Interpretationen: Die Schüler erhalten den Arbeitsauftrag, eine Interpretationsfrage schriftlich zu beantworten, z. B. während der Lektüre von Priestleys „An Inspector Calls" die Frage, wer Inspector Goole sei. In ihrer ausführlichen Antwort sollen sie die wichtigsten Stellen unterstreichen, und einige Schüler sollen diese unterstrichenen Stellen auf Folie schreiben. Sie werden untereinandergereiht projiziert, und die Klasse nimmt Stellung zu den einzelnen Interpretationen. So wurden z. B. zu obiger Frage nach dem Inspektor von drei Schülern folgende Antworten gegeben:
  I. the last of her friends; he found Eva when she had committed suicide; he saw diary and read it
 II. a judge; shows them their guilt; the conscience; a higher power who judges; God
III. the brother of Eva or a friend of Eva's; knows all about her (read her diary); wanted to help her

Interpretation I und III sind sich ähnlich, II weicht stark ab. Da die übrigen Schüler ja ebenfalls Stellung bezogen haben, wird sich sogleich eine lebhafte Erörterung daraus ergeben.
(Auf ähnliche Weise kann man auch Übersetzungsvergleiche durchführen: Jeweils zwei Schüler schreiben ihre Übersetzung desselben Satzes auf Folien, die anschließend untereinandergelegt und zusammen projiziert werden.)

6.6. Vergleich verschiedener Charaktere: Jede Gruppe soll eine andere Gestalt des Werkes charakterisieren und Stichworte auf der Folie untereinander (halbseitig) anordnen. Dann werden jeweils zwei der Charaktere miteinander verglichen. Statt einer Charakterisierung kann die entsprechende Leitfrage auch auf die Schuldfrage eingeengt werden, z. B. (wiederum aus „An Inspector Calls"): „Inwiefern sind Mr. Birling, Mrs. Birling, Gerald, Sheila, Eric an Eva Smith schuldig geworden?"

6.7. Notizen während der Lektüre: Während ein Werk im Unterricht gelesen oder vom Tonband dargeboten wird, machen sich die einzelnen Schüler Notizen auf die ihnen ausgehändigten Folien, und zwar jeder Schüler zu einem anderen Aspekt, z. B. in Shaws „Saint Joan" zum Thema Feudalismus, Nationalismus, Klerikalismus, Protestantismus usw. Sobald man bei der Lektüre auf eine für sein Thema relevante Stelle stößt, macht man sich Stichwortnotizen dazu. Wird dann im Unterrichtsgespräch eines dieser Themen angeschnitten, so projiziert man das betreffende Transparent und hat sogleich einen Überblick über das hierzu Ausgesagte.

6.8. Erstellung eines Schemas: Ein Schüler erhält zu Beginn der Stunde den Auftrag, die Ergebnisse schematisch zusammenzustellen. Ist während des Unterrichtsverlaufs der Zeitpunkt gekommen, an dem eine (vorläufige) Zusammenfassung angebracht erscheint, so wird das Schema projiziert und auf seine Richtigkeit hin überprüft. Hierbei wird der Lehrer auch sehen, ob die Schüler dem Unterrichtsgang folgen konnten.

6.9. Gedächtnisstütze für Lehrer- oder Schülerreferat: Vorgelesene Referate sind meistens wertlos; die Schüler können ihnen nur selten folgen. Wenn hingegen das Referat frei gesprochen wird und dazu noch Stichworte während des Referats projiziert werden, erkennen die Schüler die Gliederung, schreiben meistens die Stichworte mit und können in der anschließenden Diskussion aufgrund der Stichworte leicht auf das Referat eingehen. Man sollte die Schüler dennoch ermuntern, ihre Referate schriftlich auszuarbeiten und dem Lehrer zur Korrektur vorzulegen. Nach Rücksprache mit dem Lehrer soll sich der Schüler aus dem Referat Stichworte auf Folie herausschreiben, die ihm dann während des Referats (wie in 6.4. dargestellt) zugleich als Merkhilfe dienen.

6.10. Überprüfung schriftlicher Aufgaben: Oft werden zu Beginn oder im Laufe des Unterrichts von den Schülern schriftliche (Haus-)Aufgaben vorgelesen, die ebenso wie vorgelesene Referate zu rasch am Ohr vorbeirauschen, als daß man sie in allen Einzelheiten erfassen könnte. Gibt man einzelnen Schülern Folien, auf die sie solche (kurzen) Aufgaben schreiben, so kann man diese Transparente zum gegebenen Zeitpunkt projizieren und im einzelnen überprüfen und beurteilen.

6.11. Projektion von zusätzlichem Textmaterial: Anstatt solches Material zu vervielfältigen, kann man (kürzere) Texte projizieren. Man kann sie dabei Abschnitt um Abschnitt aufdecken, so daß die Schüler immer nur das Material vor Augen haben, das gerade unterrichtsrelevant ist. Will man die Textvermittlung zugleich mit einem Diktat verbinden, so beginnt man jeden Satz auf einer neuen Linie; man diktiert zunächst den Satz, wobei dieser auf der Folie noch verdeckt ist, und deckt ihn anschließend auf, damit ihn die Schüler mit ihrer eigenen Niederschrift vergleichen können.

Hans-Eberhard Piepho

Englischunterricht im Medienverbund —
Fernsehkurs SPEAK OUT,
Einheit 11 "At the Post Office"

1. Vorbemerkung

Bei dem Fernsehkurs SPEAK OUT handelt es sich um einen Medienverbund für das dritte Englischjahr, der erstmalig im Schuljahr 1972/73 vom NDR und von Radio Bremen in den norddeutschen Küstenländern ausgestrahlt wurde. Visuelles und auditives Material (Filme und Tonbänder) kann für die ganze Bundesrepublik beim Institut für Film und Bild, Grünwald bei München, bzw. bei den Bildstellen erworben oder ausgeliehen werden. Das Kontextmaterial wurde bei Schroedel Diesterweg Schöningh, Verlagsunion für neue Lehrmedien, Verlag Lambert Lensing GmbH, Dortmund, erarbeitet und ist dort erschienen.

2. Zur Vorgeschichte des Kurses SPEAK OUT

Fachwissenschaftler und Institute aus mehreren Ländern haben zur Präzisierung von sogenannten Units, unter denen man sprachliche Fertigkeitseinheiten auf unterschiedlichem Niveau und mit einem bestimmten Sprachbestand verstehen darf, systematisierte Corpus erarbeitet. Darin sind Lexislisten, syntaktische Felder, Kompetenzgliederungen und grammatische Regelordnungen enthalten, die zunächst allerdings erst den *threshold level* erfassen, d. h. eine erste Stufe allgemeiner Kommunikationsfähigkeit.
Das Programm SPEAK OUT baut darauf auf. Es ist von multifungiblen Bausteinen aus konzipiert worden, wobei die einzelnen Teile beispielsweise ebenso als *enrichment*-Filme wie als Teile eines Medienverbundkurses dienen können.

Ziel des Programmes ist es, auf dem sprachlichen Niveau des dritten Englischjahres an öffentlichen Schulen bestimmte Sprachphänomene in Situationen und Redekomplexen darzustellen und einzuüben, die erfahrungsgemäß einem Ausländer, der die englische Sprache lernt, auf dieser Fertigkeitsstufe Schwierigkeiten machen und zu bleibenden Fehlern führen.

Ferner sollten in diesen Filmen die Redeakte in landeskundlich interessante und für einen Besucher informative und orientierende landeskundliche Zusammenhänge und zwischenmenschliche Verhaltensabläufe eingebettet werden.

In den curricularen Entwürfen und Rahmenplänen wird als fundamentaler Fertigkeitskomplex der Bereich kommunikativer Kompetenz festgelegt, d. h., die Schüler lernen in den Klassen 5 und 6 in erster Linie, sich *in* bestimmten Situationen und *zu* bestimmten thematischen Informationen mündlich zu äußern. Dem mündlich erworbenen und regsamen Sprachinventar werden danach definierte Mittel entnommen und auf andere Fertigkeitsbereiche angewandt: Lesen und Schreiben, Rechtschreiben und kreatives Aufschreiben und schriftliches Mitteilen.

Diese Fertigkeitsskalen entsprechen nur bedingt den herkömmlichen Richtlinien und kaum der tatsächlichen Praxis in den sogenannten weiterführenden Schulen. Man mußte erwarten, daß Schülerinnen und Schüler nach der Teilnahme am Englischunterricht innovativer Schulen nach dem Übergang in eine Klasse 7 herkömmlicher Schulen Schwierigkeiten haben würden, weil dort unvermittelt ein konventioneller Arbeitsstil und die üblichen unspezifischen Lernverhaltensweisen vorherrschen. Aber auch in einem fortführend innovativen System würden sich Probleme zeigen, weil allgemein der fortgeschrittene Englischunterricht noch sehr wenig didaktisiert ist.

In dieser Lage mehrten sich die Rufe nach neuartigem Kursmaterial mit folgenden Merkmalen:
— visuelle und auditive Vermittlung auch komplexer Redefunktionen und -absichten,
— auditive und visuelle Vorkehrungen für ein umfassendes Hörverstehen im gegebenen linguistischen Rahmen,
— Fertigkeitstraining im Verstehen auch unter den Bedingungen dialektgefärbter oder anders diaphonisch varianter Formen des Englischen,
— Gliederung des Stoffangebots in ein Fundamentum und Addita, gekoppelt mit ausführlichen Remedial- und Supplementärübungen,
— Möglichkeit zu experimenteller Erprobung mit nachfolgender Revision der Übungsstrategien, Anforderungen, Informationen und Texte,

Unterrichtsmodelle und Medien mit dem Ziel, am Ende ein möglichst angepaßtes und wirksames System zu entwickeln,
— Beschränkung auf wirklich wesentliche und bedeutsame Fertigkeiten — auch unter dem Aspekt, daß im siebten Schuljahr im Wahlpflichtbereich, im Angebot weiterer Sprachen und der allgemeinen Arbeitsweisen erhebliche und nach sorgsamer Orientierung verlangende Anforderungen an Denken, Handeln und Selbstprüfung des Schülers gestellt werden.

Im traditionellen Unterricht zogen sich die Anforderungen in Klasse 7 zumeist ganz oder vorwiegend auf das Erarbeiten von schwierigeren Texten und die Erweiterung der mechanischen Schulgrammatik zurück bzw. auf die Anbahnung des Nachfertigens von vorgelesenen Textsorten; dabei verkümmerte die im Anfangsunterricht erworbene Sprechfertigkeit, und es war nur in wenigen Ausnahmen möglich, die anfallenden Problemstellungen in englischer Sprache zu erörtern und sich in den normalen Situationen des Schulalltags spontan und angemessen zu äußern.

In dieser Bedarfssituation bot sich die Möglichkeit an, mit Hilfe der unter dem Titel SPEAK OUT geplanten Film-Bausteine ein Mediensystem zu entwickeln. Dabei ging es nicht allein um die Fixierung eines neuen Lehrgangs auf dieses Medium, sondern um die Verankerung im Schulfernseh- und -funkprogramm.

Der Kurs SPEAK OUT ist keineswegs das Ergebnis einer systematischen und perspektivischen Planung ab ovo, der Medienverbund ist nicht das organische Resultat eines gemeinsamen Lösungsmodells für didaktische und schulpolitische Aufgaben, sondern auf eine höchst ungewöhnliche Weise und in fast sprunghaft zu nennenden Entwicklungsschüben zustande gekommen. Das zeigt sich schon daran, daß das Institut für Film und Bild die einzelnen Filme und Tonbänder mit Hinweisen für den Lehrer auch für den Einzeleinsatz vorsieht. Diese sind also über die Bildstellen für den Lehrer greifbar.

3. Der Kurs SPEAK OUT

3.1. Die Bauelemente

Die Bauelemente des Kurses SPEAK OUT bestehen aus

Filmteilen — Hörfunkteilen — Buchteilen — Arbeitsbogen — Transparenten — Lehrerhandbüchern.

Diese Einzelmedien und Begleitmaterialien sind sowohl als Mediensystem konzipiert wie als Medienkombination; d. h., die einzelnen Elemente sind einmal so aufeinander eingepaßt und in Verlaufsentwürfen formalisiert, daß sie in einem Modell erfaßt sind, daß sie exakt in acht Unterrichtsstunden zu bewältigen sind, sofern man eine relativ homogen arbeitende Jahrgangsgruppe vor sich hat. Der Kurs besteht aus 16 Einheiten.
Auf der anderen Seite ist SPEAK OUT auch als Kurs mit flexibler Medienkombination zu verwenden, denn jedes Medium ist durch eine Kombination anderer Medien in einem neuen Verlauf zu ersetzen. Außerdem kann jedes Medium auch zur Bereicherung oder als Teil eines Medienpäckchens kursunabhängig eingesetzt werden.
Diese multifunktionale Anlage des Kursmaterials hat natürlich eine Reihe von problematischen Aspekten. Einmal bewirkt der starke Umfang des Materials eine nicht zu unterschätzende Kostenbelastung. Zum anderen war in der Erprobungsphase nicht zu vermeiden, daß sich die Lehrkräfte nur schwer von ihrer bisherigen Erfahrung im Umgang mit Englisch-Unterrichts-Werken lösen konnten, daß nämlich alle Übungen und Texte, alle Tonbandprogramme und Visualisierungen ihren festen Platz im methodischen System und Aufbau haben und nicht ausgelassen werden dürfen.

3.2. Die Lernziele

Notgedrungen müssen wir bei der Konzipierung des Kurses von Lernzielen *erster Ordnung* und Lernzielen *zweiter Ordnung* ausgehen. Die Lernziele erster Ordnung ergeben sich aus der inneren Logik der übergeordneten Lernorientierung: Erzielen einer regsamen und gut ausgestatteten kommunikativen Kompetenz im Rahmen bestimmter thematischer und soziolinguistischer Bereiche. Wir unterscheiden zwischen *learn-*

ing objectives, d. h. zu erreichenden Fertigkeiten der Informations- und Sinnentnahme, der Mitteilungsfähigkeit und der mündlichen und schriftlichen Ausdruckstüchtigkeit, und *learning items,* d. h. sprachlichen Formen, Fügungen und Einsichten, die zu den ersteren gehören. Diese Lernziele erster Ordnung wurden in ein *Fundamentum* und ein *Additum* gegliedert. Die fundamentalen Fertigkeiten sind sowohl relativ leicht zu lernen wie häufig und elementar in jeder Kommunikation. Die additiven Fertigkeiten beziehen sich auf komplexere und komplizierte Sprachformen und sind von einer großen Zahl von Schülern nicht fehlerlos zu bewältigen, was übrigens nicht heißt, daß man sie nicht allen Schülern zumuten kann: Man wird eben nur partielle oder defizite Endleistungen erreichen können.

Die Lernziele zweiter Ordnung entstanden durch den Zwang der Situation. Alle Schüler, die im dritten Jahr nach SPEAK OUT unterrichtet werden, müssen im vierten Jahr mit Unterrichtswerken herkömmlicher Art weiterarbeiten und werden es wahrscheinlich mit Lehrkräften zu tun haben, die in der achten Klasse ihre üblichen Anforderungen stellen.

Bei der Bearbeitung von SPEAK OUT wurde daher nach folgendem Modus verfahren: Im Bereich der Lernziele zweiter Ordnung wurde nach einer Liste von Lexis und Syntax verfahren, die die übereinstimmenden Inventare aller Unterrichtswerke voll berücksichtigt. In der Grammatik wurde in der ersten Bearbeitung sichergestellt, daß alle für Klasse 7 vorgesehenen Erscheinungen und Erkenntnisse durch ausführliche Übungen belegt wurden.

Praktisch bedeutet das gesamte Verfahren der Gliederung, Stufung und Sequenzierung, daß in einer Klasse, die sämtliche Fundamentum-Angebote beherrscht, mindestens das mittlere Niveau einer guten Realschulklasse erreicht wird. Hat ein Schüler das gesamte Additum-Angebot zur Verfügung, müßte er ein hervorragender Gymnasiast mit einer ausgesprochenen Sprachbegabung sein. Grob ausgesprochen beziehen sich im Gesamtvolumen die Inhalte zu gleichen Teilen auf Hörverstehensübungen, auf Sprechübungen und die Entwicklung der Rollenkompetenz, auf das intensive Lesen von Texten und Informationseinheiten und auf Aufgaben zur Entwicklung der Schreibfertigkeit.

Die Lernziele werden im Begleitmaterial für den Lehrer und für den Schüler genau präzisiert, so daß beide laufend überprüfen können, ob die jeweils gewünschten Leistungen erreicht wurden. Derartige Übersichten haben auch den Zweck, jederzeit eine leichte und rasche Orientierung zu ermöglichen, wenn Lehrer und Schüler die in der jeweiligen Gruppe möglichen Übungs- und Textkomplexe abhaken und so ein spezifisches Arbeitsprofil festlegen.

3.3. Die Lernzustandskontrolle

Bisher fehlen genormte und informelle Tests zu SPEAK OUT, wenn man davon absieht, daß man mit Hilfe der lernzielorientierten *worksheets* jederzeit den Lernzustand eines Schülers ermitteln kann. Erst nach dem ersten kompletten Durchlauf des revidierten Kurses wird man zu jedem Lernkomplex Tests vorlegen, denn erst dann ist wirklich zu sagen, wie sich die Lernzustände tatsächlich entfalten und ausprägen.

3.4. Gliederung einer Unit

3.4.1. Filmteile

— Jeder Film (Fernsehlektion) zeigt zunächst eine Spielszene im englischen Alltag, die zwar in sich einen glaubwürdigen, wenn auch leicht humoristisch verfremdeten Handlungsverlauf zeigt, aber in den Redeakten die als Lernziel vorgegebenen Äußerungsmittel und grammatischen Erscheinungen darbietet.
— In der zweiten Phase werden aus dem Handlungsverlauf diejenigen Teile extrapoliert, in denen die zu lernenden Phänomene auftauchen, und die Schüler werden durch verschiedene visuelle, signalakustische oder verbale Anstöße zum Nachsprechen angereizt.
— In der dritten Phase (face-to-face) sehen sich die Schüler ihren Dialogpartnern auf den Filmszenen direkt gegenüber und werden aufgefordert, die ausgesparten Dialogrollen zu übernehmen. Sie prüfen auf diese Weise ihre Kompetenz- und Reaktionssicherheit und gewinnen einen klaren Eindruck vom Lernziel.

3.4.2. Die Hörfunkteile

Zu jeder Fernsehlektion gehören Hörfunkteile von etwa 2 x 15 Minuten Länge. Die erste Hörfunkphase ist eine Darbietung der Filmszene als Hörspiel. Dadurch sind verschiedenartige Verwendungsmöglichkeiten gegeben: Man kann damit den Film vor- und nachbereiten, man kann im Sprachlabor die Rollen zum szenischen Nachspielen einüben lassen, aber man kann durch diesen Teil notfalls auch den Film ersetzen, wenn die Umstände dazu zwingen. Selbstverständlich ist im letzteren Fall eine ausführlichere Vorbereitung notwendig.

Es folgen Szenen und Anschlußübungen, die im Direktunterricht, aber vorzugsweise im Sprachlabor eingesetzt werden können. Ein Teil dieser

Sequenzen festigt die primären Sprachfunktionen, andere fördern das Hörverstehen oder eine zu wiederholende Technik (etwa des Buchstabierens oder des Antwortens in einer bestimmten Zeitform).
In den Sprachlaborübungen taucht neuer Wortschatz auf, der aber nicht gelernt werden, sondern nur aus dem Zusammenhang erschlossen werden soll.

3.4.3. Die Transparente zur Arbeitsprojektion

Die Transparente sind zum Teil integrierte Teile der Sprachlaborübungen und konstitutiv im Gesamtkurs, andere bereiten bestimmte inhaltliche Vorstellungen vor, einige richten sich auf die visuelle Steuerung von Äußerungen und grammatischen Einsichten im Kontaktunterricht. Später werden Transparente auch eine wichtige Rolle in Textkombinationen spielen, indem visuelle Aufgaben sprachlich bewältigt werden müssen.

3.4.4. Das gedruckte Begleitmaterial

Im gedruckten Begleitmaterial werden die Kernszenen von Film und Hörfunk wiedergegeben, jedoch nicht als Skriptauszug, sondern als Modell für Sprechrollen, die man im Spiel oder im Übungsverlauf daraus ableitet.

Daneben werden alle Sprechinventare durch weitere Beispiele und Anwendungen durch Reihungen und freie Aufgaben gefestigt. Der thematische Rahmen des Films und der Hörfunkteile wird in einer didaktischen Inhaltsanalyse auf thematische Erweiterungsmöglichkeiten untersucht.

Bedeutsam sind die *worksheets,* die zu jeder Unit einesteils sehr elementare und einfache Aufgaben stellen, die durch Hinweise und Hilfen am Rande eine Eigenkontrolle gestatten, und andernteils recht anspruchsvolle, in denen die Schüler lernen, sich frei schriftlich zu äußern und verschiedene Textsorten zu meistern.

3.4.5. Das Lehrerheft

Das Lehrerheft dient einmal als Orientierung über Absichten, Lernziele und Struktur einer Einheit. Zum anderen ist es ein Regiebuch für die tägliche Unterrichtsgestaltung mit methodischen Empfehlungen aller Art. Schließlich muß das Lehrerheft versuchen, die Lehrkräfte durch theoretische Begründungen und umsetzbare Anregungen für einen neuen Unterrichtsstil mit gewandelten Zielen zu gewinnen.

3.4.6. Die Lehrer-Informationen zu SPEAK OUT

Ein Ansatz für diese Lehrerfortbildung ist durch die Lehrerinformationen im Fernsehen versucht worden, die sich jeweils der Erstausstrahlung eines Filmteils anschließen. Autoren und Mitarbeiter zeigen in diesen Kurzsendungen praktische Unterrichtsbeispiele, kommentieren Erfahrungen, Ermittlungen und Beobachtungen aus der Praxis und geben Informationen zu Plänen und Resultaten der Revisionsarbeit.

4. Praktisches Unterrichtsbeispiel

4.1. Lernziele

Als praktisches Beispiel für einen Unterrichtsverlauf wähle ich die Einheit 11 "At the Post Office" (Institut für Film und Bild FT 2405, Tb 2248). Wir definieren zunächst die allgemeinen Lernziele in drei Klassifikationsbereichen: *Rollenkompetenz — Syntax- und Äußerungsmuster — Lexisinventar.*

Die Arbeit an diesem Beitrag wurde Anfang 1973 beendet. Inzwischen wurden Kontext und Hörfunkteile von SPEAK OUT aufgrund der wissenschaftlichen Begleituntersuchungen überarbeitet und stark verändert.

4.1.1. Rollenkompetenz

Die Schüler sollen in die Lage versetzt werden, in höflicher Form an einem Ort in der Öffentlichkeit *sich zu erkundigen,* jemanden *um einen Gefallen zu bitten,* aufzuzählen, was man *jemandem mitteilen* möchte, und *Vorschläge für die Abfassung* eines Textes zu machen.
Für den Erwerb dieses Rollenverhaltens wird die Rahmensituation *post office* gewählt.
Anwendung und Übertragung der Rollenkompetenz. Nachdem die sprachlichen Mittel und die Redefunktionen in der Primärsituation erworben sind, werden sie schrittweise in die Fertigkeitsbereiche schriftlicher Mitteilungen übertragen, und zwar in der Form gelenkter Brieftexte und verkürzender Telegrammtexte. Auf die Fähigkeit, sich zu erkundigen, Vorschläge zu machen, Meinungen zu formulieren und Absichten kundzutun, wird die Transfer-Fertigkeit aufgebaut, sich kritisch über Feier- und Festtage, Geburtstagsfeiern etc. zu äußern und definite Absichten (Futur) auszusprechen.

4.1.2. Syntax- und Äußerungsmuster

I'd like — — —. How much does — — — weigh/cost? How much is
— — —? How long does it take to — — —? Ask — — — if — — —.
Ask — — — about — — —. Tell him you hope/you want — — —.
I hope you will — — —. When will — — —? It won't — — —. Usually
— — —. Normally — — —.
— — — told me that — — —. — — — said — — — went/slept/got
— — —.
Additum: It's my opinion that — — —. I think — — —. Considering
that — — —. I'd say — — —. In view of — — — it's good that
— — —. It's all a matter of — — —. It's a waste of — — —. It's a
shame that — — —. It would be a good idea to — — —.

4.1.3. Lexisinventar

Als Lernwortschatz in der Reihenfolge der Einführung: cost — weigh —
envelope — a whole packet of — customer — disappoint — parcel —
receive — fold — edges — abroad — printed matter — postal matter
— deliver — apply for — identify — identity card — fortnight —
message — sprain ankle — worried — reason — adore — marvellous
Additum: underneath — raise — pros and cons — arguments — litter-
bin — considering — be reminded — waste — advertising — business —
tempt — typewrite.

4.2. Kurze Inhaltsangabe des Films

Der Film selbst gliedert sich in folgende Abschnitte:
— *Einführung:* Landschaft Sussex, ländliche Szene, das Dorf Alfriston, kleines Postamt mit den üblichen Zeichen und Schildern.
— *Look and Listen:* Simon und Jenny im Gespräch mit der Posthalterin. Simon möchte seinem Briefpartner zum Geburtstag schreiben, aber weder die Rechtschreibung noch die Formulierungen fallen ihm sehr leicht. Seine ältere Schwester hilft ihm. Auch die Posthalterin schaltet sich ein und macht Vorschläge, was man in so einem Brief schreiben kann.
— *Look, Listen and Speak:* Simon beschließt, seinem Freund ein Telegramm anstelle des Briefes zu schicken. Aus dem Entwurf seines Briefes formuliert er den verkürzten Text eines Telegramms. Die

Schüler sprechen die ursprünglichen und die verkürzten Formulierungen und schließlich das ganze Telegramm nach.
— *Face-to-Face:* Jenny hat von ihrer Briefpartnerin Katja aus Deutschland ein Telegramm erhalten. Sie liest es ihrem Bruder vor, aber der kommt mit den knappen Formulierungen nicht zurecht. Die Schüler müssen ihm die Bedeutung interpretieren und helfen anschließend Jenny, ihre normalen Äußerungen zum Text eines Antworttelegramms umzuformulieren. Der geschriebene Text bestätigt diese Vorschläge.

4.3. Verlaufsskizze

4.3.1. In der Regel wird man vor der Sendung des Filmteils eine sogenannte Vorentlastung ansetzen, durch die den Schülern das Thema und einige Redeanlässe nahegebracht werden. Umfang und Intensität richten sich nach dem Stand und dem Zustand der jeweiligen Klasse. In einem Fall wird man vor allem Lexis einführen, damit die Schüler dem Gang der Handlung folgen können, im anderen Fall werden Situationen aus dem Filmteil vorweggenommen, aber es kann auch nützlich sein, eine ausführliche Schilderung der inhaltlichen Umstände und der Rollen verschiedener Personen vorzunehmen.
Hier könnte die Vorentlastung etwa so aussehen:
Der Lehrer bringt einen Luftpostumschlag und einen Schreibblock mit in die Klasse. Lehrer: "I have a problem. I want to spend a holiday in Britain. I'm going to send a letter to a local tourists' bureau." Eventuell sind dazu einige Prospekte vorhanden. Die Schüler schlagen vor: "Will you go on a camping tour? Why don't you go on a boating trip? Scotland's a nice place." Aus derartigen Vorschlägen entwickelt sich ein Äußerungsschema zu einem festen Plan, der in Stichworten an die Tafel geschrieben wird. Zum Beispiel: from July 14th to August 21st — by car — with his family — three children — camping — near a lake — if possible in Scotland or the North of England — see old churches and castles — fishing. Der Lehrer fordert auf: "Now let's try to write all this in a letter. ..., will you please tell ... what to write." So folgen die Äußerungen: "He says he wants to stay in GB from ... to ... He says he wants to go by car. Write that he will have his family of ... with him. Tell them that he would like to ..." Der Text wird behutsam revidiert. Danach wird der „Brief" (mehrere Seiten) in den Luftpostumschlag getan. Lehrer: "Now I have another problem." Es folgen Äußerungen, zum Teil stark gelenkt, über folgende Punkte: How much

does it weigh? How much is an airmail letter to GB? How long does it take? Who will post the letter for me? Shall we send it as a registered letter? etc. Schließlich kommt der Hinweis: "Our film is about Simon and Jenny who are at a post office because they want to write to their German friend, Günther, on his 13th birthday."
Nach diesen Vorbereitungen können alle Schüler — ganz unabhängig vom Leistungsstand — den Film in allen Verläufen verstehen.

4.3.2. Die Schüler haben in der Übungs- und Direkt-Kontakt-Phase die Äußerungen versucht. (Es ist keineswegs notwendig, daß die Klasse im Chor antwortet. Es geht hier darum, daß sich der Schüler darauf einstellt, was er sagen würde. Häufig murmelt er seine Äußerung nur oder formuliert sie lediglich im Kopf.)
Im Kontextheft kann jeder Schüler die Kernszenen des Films nachlesen. Mit einer gut fortgeschrittenen Klasse kann man diese Dialogteile als „play-reading" dramatisieren. In schwächeren Gruppen genügt es, wenn die Schüler den Dialogverlauf still nachlesen. Diese Schüler werden dann sofort anschließend die gelenkten Sprechübungen unter Ziffer 2 des gedruckten Begleitmaterials bearbeiten, die sich auf das „kommunikative Minimum" richten.

Auszug aus Ziffer 2 des Begleitmaterials:
2. F *Customers at the post office*
2.1 F *Asking for information*
John, Mary, and Hilda wish to write to their friends abroad.
Read the short dialogue and act it in the classroom.

John:	How much is a letter to Germany?	2.1
Postmaster:	It's five pence.	customer
John:	And how long does it take?	abroad
Postmaster:	Usually three or four days.	usually
Mary:	How much is a picture postcard to France?	normally
Postmaster:	It's three pence.	airmail
Mary:	How long does it take?	letter
Postmaster:	Normally three days.	
Hilda:	How much is the airmail letter to Australia?	
Postmaster:	Let me see. *(He weighs it.)* Nine pence.	
Hilda:	Could you put on the stamp for me, please? How long does it take?	
Postmaster:	At least four days.	

2.2 F *Asking for postal rates*

| How much is | a / an | letter telegram
letter card
express letter
registered letter
postcard
printed matter | to | Spain?
Italy?
Austria?
Switzerland?
Norway?
Sweden? | 2.2
registered
letters
printed
matter |

Act a few more scenes in your classroom.

2.3 F *Buying postal matter at the post office*   2.3 postal matter

Customer: Could I have / Could you give me ...

| one
two
...
ten
twenty | two-penny
three-penny
four-penny
five-penny
postcard(s)
letter card(s) | stamp(s), | please? |

Clerk: Certainly. That's

| | two
three
...
forty
... | pence. |
| | one
two
... | pound(s). |

Customer: Here you are. *(Putting coin(s) or bank note(s) on the counter.)*
Clerk: Thank you. Now here is/are your
..................(s), and here's your change.
Customer: Thank you (very much).
Act this in your classroom.

Diese Kurzdialoge können einmal zunächst gelesen und danach im Sprechziel (besonders die hier nicht wiedergegebene Übung 2.4) freier gestaltet werden. Ist eine Klasse entsprechend geführt worden, empfiehlt es sich, erst spontan Szenen aus dem Film nachspielen zu lassen und dann die Dialoge und Übungen — sozusagen zur Verstärkung und Präzisierung der Redemittel — anzuschließen.

Das Übungsangebot ist umfangreicher als der in der gegebenen Zeit zu bewältigende Stoff. Das hat verschiedene Vorteile. Einmal wird man sicher in den Wochen des Schuljahres, in denen keine Fernsehfilme gezeigt werden, auf die Themen früherer Einheiten zurückkommen wollen, um die Sprechkompetenz zu festigen. Zum anderen kann bei innerer oder Profildifferenzierung wichtig sein, die schwächeren Schüler ausführlich am Fundamentum arbeiten und üben zu lassen, während die anderen Schüler sich am Additum versuchen.

4.3.3. Erst wenn die mündlichen Lernziele erreicht sind, werden die Schüler zur Umsetzung in schriftliche Äußerungen angeregt.

Auszug aus Ziffer 3 des Begleitmaterials:
3. F/A   Letters, postcards, and telegrams
3.1 F   Helping Linda to write a letter   3.1
Linda received a birthday present from her aunt Emily.   idea
Now she has to write a thank-you-letter. She doesn't know
what so say. Her mother is helping her.
Linda: What else can I write?
Mother:

Tell	her	about	our new car.
Write to			father's new job.
Put something in			your birthday party.
			the school trip to Brighton.
			Ron's dog.
			your English test.
			your new hobby.
			your German pen-friend.
Linda: That's a good idea, I'll do that.			Mummy.

Act this conversation in your classroom.
3.2 F Finish Linda's letter.
Dear Aunt Emily,
Thank you for sending me such a nice birthday present.
It was just what I wanted. It is a very nice present. I had
a lovely birthday party. All my friends ...

3.4 A Your first letter to your new pen-friend
Dear ....,
      My .... has given me your name and address.
I should .... much like to .... to you, and
perhaps we can start a .... This is my first ....
in English. I .... to tell you something about myself.
I am .... years old and go to the .... School
at.................. . My best subject is.................. . I like..................,
but I don't like .... I have .... brothers/
sisters. My father is a .... My mother goes out/does
not go out to work. My hobbies are .... Are you
interested in ....? My father has a new car; it is
a/an .... I have a bicycle, and I go/but I don't
go to school on it. Do you cycle to ....?
      Please tell me something about .... in your letter.
Perhaps you can send me a photo of ....
                                    Yours sincerely,
                                    ....

109

Hier wird das Angebot streng differenziert. Jeder Schüler kann das Fundamentum bewältigen. Solange da noch Unsicherheiten registriert werden, bleiben diese Aufgaben Gegenstand des Übens, während rascher auffassende Schüler bereits die Addita bearbeiten. Diese Gliederung ist unabhängig von der Schulart oder dem Kurs. Es stellt sich in Tests heraus, daß sich in jeder Einheit ganz unterschiedliche Leistungsprofile herausbilden, dabei spielen Motivation und sprunghafte Appetenzen eine Rolle, so daß man nicht sagen darf, daß bestimmte Schüler immer nur die Fundamenta schaffen.

4.3.4. Jetzt wird man durch ein *worksheet* die Schüler selbst feststellen lassen, wo noch Schwierigkeiten oder Mängel der Formulierung, der Rechtschreibung oder der grammatischen Korrektheit vorhanden sind. Hier sollte der Lehrer nicht mit dem Rotstift eingreifen, sondern sich ermunternd und helfend jedem Schüler zuwenden, eventuell in kleinen Gruppen.

Worksheet 4 des Begleitmaterials: 4. F/A WS name: .... date: .... 4.1 F Useful words and phrases These are useful words and phrases that have to do with the post office: by post, miss the post, catch the post, by the next post, postage, postage stamps, postman. *Put them in correctly.* If you do not hurry you will .... What is the .... on this airmail letter? Has the .... called yet? It is six o'clock already; you will not .... Your letter will go .... This parcel came .... yesterday. When you go to the post office, pleace buy me some	4.2 Earith 4.3 typewrite first

4.2 A *How to write addresses in English.*

Mr David Morgan,
35 Alexander Road,
PRESTON,
Lancashire.

Write these addresses on envelopes:
Mr. Thomas Jackson, 24 Ripley Road, HARROGATE, Yorkshire.
Miss Brenda Lee, 12 Park Street, HASTINGS, Sussex.
Mrs. Linda Sherman, 5 Stirling Road, EDINBURGH 6, Scotland.
Mr. Edward Granger, 76 High Street, EARITH, Huntingdonshire.
For "Yorkshire" you can put "Yorks.", for "Huntingdonshire" you can write "Hunts." on the envelopes.

4.3 F *For you to do*
Have you ever tried to typewrite? In English as well? It is rather difficult at first.
Little Susan tried to copy Simon's birthday letter the other day. Look for her errors in typing and underline them.
Dear...,
I would lile to congratulate you on your thirteenth birthday. I wish xou many happy returns of the day. Please, qrite to me soon. Tekk me all about xour birthday-party. I hope you het lots of nice presents. I posted a dmall parcel to xou the other day. I jope you have received it. Come and stax with us at the neginning of the summer holidays.
With best wishes for a happy birthday,
Your pen-friend
How many mistakes did you find? 12?
That's right.
Now copy the text in the correct way.

4.3.5. Wenn dieser Lernzielabschnitt erreicht oder wenigstens in den wichtigsten Passagen bewältigt worden ist, beginnt das Transfer-Training mit dem Tonband, in der Sprachlehranlage oder im Klassenraum (Tonbandgerät mit Verstärker), auch Gruppentraining. Die Hörfunkteile können dazu direkt oder nach vorheriger Aufzeichnung abgespielt werden. Die entsprechenden Tonbänder können auch vom FWU oder von den Bildstellen bezogen werden.

In unserem Fall stehen vier Übungsteile zur Verfügung. Die erste Szene ist stets eine Hörfunkfassung des Films. Mit ihr kann man das Hörverstehen schärfen und die Teillernziele des Filmteils festigen. Man kann aber auch notfalls den Film dadurch ersetzen, etwa für Schüler, die gefehlt haben, als der Film bzw. die Sendung des Fernsehens gesehen wurde.

Aus den übrigen Szenen sind im Kontextmaterial die wichtigsten Dialoge abgedruckt — zur Vergewisserung und als Übungsgrundlage vor oder nach Bearbeitung des Tonprogramms.

4.3.6. Während ein Teil der Schüler im Anschluß an die Tonbandübungen Äußerungen im *past tense* und im Futur als Wiederholung festigt, bearbeiten Schüler, die in diesem Fertigkeitsbereich keine Rückstände mehr haben, ein weiteres, hier recht anspruchsvolles Additum (im schriftlichen Begleitmaterial Ziffern 9 und 10).

Mit einem abschließenden *worksheet* (schriftliches Begleitmaterial Ziffer 7) kann der Kenntnisstand der Schüler dann noch einmal festgestellt werden.

Im übrigen wird in bestimmten Abständen vom Funk ein Testprogramm gesendet, durch das die primären Lernziele später mehrfach überprüft werden.

In diesem Verlauf hat jedes Medium seinen didaktischen Ort, ohne daß jedoch ein allzu enges System Lehrer und Schüler in ein Schema zwingt. Der Lehrer behält auch bei festliegenden Sendeterminen von Hörfunk und Fernsehen die Unterrichtsgestaltung in seiner Hand.

Wie bereits mehrfach erwähnt, kann der Lehrer, unabhängig von den Sendeterminen, Filme und Tonbänder vom FWU bzw. von den Bildstellen erhalten. In fast allen Units werden zudem auch Transparente für die Arbeitsprojektion, u. a. in Koppelung mit den Tonprogrammen, eingesetzt. Im Lehrerheft werden übrigens zu dem Verlaufsentwurf Alternativen vorgeschlagen, so daß der Lehrer sich rasch über verschiedene Abfolgen und Varianten orientieren kann.

Jürgen Olbert/Bruno Schneider

Beispiele für den Einsatz von auditiven Medien in der Mittelstufe des Französischunterrichts

Die Möglichkeiten des Einsatzes des Tonbands in der Mittelstufe des Französischunterrichts werden zunächst von den curricularen Zielsetzungen dieser Stufe bestimmt. Neuere Aussagen über die Inhalte und die Unterrichtsgestaltung auf dieser Stufe liegen noch kaum vor, während die bisherigen Lehrpläne schwerlich einer im Lichte der heutigen soziokulturellen und linguistischen Erkenntnisse vollzogenen Kritik standzuhalten vermögen.

1. Ziele und Methoden auf der Mittelstufe

Der heute noch immer gängige Begriff der Mittelstufe zeichnet sich, wie es schon der Name zum Ausdruck bringt, durch ein eher amorphes Profil aus. Mittelstufe ist eben nicht mehr Elementarstufe, aber auch noch nicht Oberstufe, nichts Rechtes also. Und ebenso verlegen sind im Grunde die Zielvorstellungen in bezug auf Inhalte und Verfahrensweisen. Es erscheint heute aber doch recht bedenklich, die curriculare Sorglosigkeit, die auf dieser Stufe waltet, zu perpetuieren, denn für viele Schüler bedeutet das Erreichen der Endstufe des *Niveau 2* den Abgang von der Schule überhaupt, und im Hinblick auf die Oberstufenreform wird der größte Teil der Schüler Französisch auf der Oberstufe abwählen. Es ist daher nicht gleichgültig, mit was für Kenntnissen, Einsichten und Fertigkeiten sie den Französischunterricht abschließen. Andererseits wird gerade die Qualität der Inhalte wie auch der methodischen Verfahrensweisen auf dieser Stufe wiederum ausschlaggebend sein, wenn andere Schüler das Französische als Oberstufenpflichtfach eigens wählen.

In Frankreich hat man schon seit einiger Zeit damit begonnen, sich über diese Phase des Französischunterrichts (als Fremdsprache) den Kopf zu zerbrechen. Nummer 73 der Zeitschrift *Le Français dans le Monde* (Juni

1970) ist ganz dem *Niveau 2* gewidmet. Auf der Ebene der sprachlichen Kompetenz, so meint man dort, sollte der Lernende auf dieser Stufe mit authentischer Sprache und nicht mit didaktisch sterilisierten Sprachkonserven konfrontiert werden. Die sprachliche Kompetenz muß auf der Ebene des Hörens, Sprechens, in zunehmendem Maße aber auch im schriftlichen Ausdruck weiterentwickelt werden. Dabei soll dem Schüler jedoch wirkliche Rede (parole, performance) mit all ihren Redundanzen, Defizienzen, Wiederholungen, Auslassungen etc. und in ihrer jeweiligen soziokulturellen Determiniertheit zu Gehör kommen, um vor allem auch das für echte Kommunikation mit den Angehörigen der Zielsprache so notwendige Hörverstehen zu entwickeln. Solche pragmalinguistischen Gesichtspunkte werden in der Didaktik noch immer zu beiläufig abgetan.

Was nun die inhaltlichen Ziele für diese Stufe betrifft, so wird heute zu fragen sein, ob auf dieser Stufe der Umgang mit Literatur schon sinnvoll ist. Es scheint sich die Ansicht durchzusetzen, daß ein totales Erfassen der Zielsprache (*total meaning* in der Terminologie Fries') jenseits der syntaktischen und lexikalischen Strukturen vor allem auch die Kenntnis der kulturellen Interferenzen, das Erfassen der Konnotationen einer Sprache erfordert. Das Erlernen des bloßen Denotationssystems ohne Verknüpfung mit dem Konnotationsgefüge einer Sprache führt (wieder nach Fries) zu bloßem Verbalismus. Das heißt, daß der Schüler genaue Vorstellungen von den Signifikaten einer Zielsprache und von den für den muttersprachlichen Sprecher existierenden Konnotationen besitzen muß. Denn nur dann kann er sicher sein, daß er die fremdsprachlichen Äußerungen richtig und voll erfaßt. Die Inhaltseite der sprachlichen Zeichen muß vom Lernenden in ihrer doppelten Systembindung, nämlich in der Dichotomie Denotat/Konnotat und in der Dichotomie Signifikat/Referent, erkannt werden, damit naive „Entsprechungen" Muttersprache/Zielsprache vermieden werden. Hier ist zugleich eine Zivilisationskunde im Entstehen begriffen, die ihre Inhalte nicht mehr in monumentalen, sublimierenden oder harmonisierenden Konstruktionen, Stereotypen und Klischeevorstellungen dem Lernenden zu Gemüt führen möchte, sondern sich, auf linguistische und soziokulturelle Einsichten gestützt, als wesentliche Komponente sprachlicher Kompetenz versteht. Nicht mehr sollen exhaustive, generalisierende und künstlich systematisierte Übersichten („positive Auffassung des Daseins" und was an ähnlichen Schlagwörtern auf diesem Felde gängig war) dem Lernenden dargeboten werden, sondern authentische und das heißt hier: aktuelle, für die französische Gesellschaft relevante und in ihrer Problematik offene Sachverhalte vermittelt werden. „Offen" kann nur meinen: der Schüler soll in Form freier Meinungsbildung und in emanzipatorischer Absicht mit vielseitigen

Standpunkten vertraut werden, ohne daß dieser Pluralismus am Ende in eine ideologische Sicht mündet, welche die systemimmanenten Widersprüche kaschiert. Verständnis und Motivation für gesellschaftlich relevante Themenstellungen sind jedoch nur zu erwarten, wenn schon das *Niveau 1* in dieser Perspektive konzipiert ist. Typische und reale Situationen des französischen Alltags, wie sie durch die Lektionstexte und die visuellen Medien vermittelt werden, müssen das anschauliche Szenario für den problematisierenden Unterricht auf dem *Niveau 2* abgeben können. Nur so sind Schüler, die am Ende der „Mittelstufe" die Schule verlassen bzw. Französisch abwählen, auf die Begegnung mit der anderen Gesellschaft vorbereitet. Zugleich sind sie während des Lernprozesses stärker motiviert, als dies bei einem Gemisch aus mehr oder wenig langen Texthäppchen geschichtlicher wie geographischer wie literar- oder kunsthistorischer Art der Fall sein kann. Wirkliche Motivation hinsichtlich der genannten Ziele ist aber nur zu erreichen, wenn der richtige Einsatz der Unterrichtsmedien bedacht wird. Und hier sind wir nun beim eigentlichen Thema.

2. Das „Corpus d'Orléans" als Beispiel für den Tonbandeinsatz

Wenn man sich vor Augen hält, was über die Entwicklung des Hörverstehens, die Authentizität der Sprache und der Inhalte eben gesagt wurde, so kann man sich hierfür kaum einen idealeren Mittler im Unterricht vorstellen als das Tonband, wenn es etwa für die Wiedergabe von Interviews Verwendung findet. Das Interview ist seinerseits für den Sprachunterricht eine der einprägsamsten kommunikativen Formen, über die sich die oben angedeuteten Ziele verwirklichen lassen. In diesem Zusammenhang sei auf das sogenannte *Corpus d'Orléans* aufmerksam gemacht, das sich in der Form eines *Dossier* mit dazugehörigem Tonband als geeignetes Unterrichtsmittel präsentiert. (CARDINAL, COMBE, FIRMIN: *Langue et civilisation, 12 dossiers pour la classe avec exploitation de documents sonores;* zu beziehen von B.E.L.C., 9 rue Lhomond, Paris, 5e. Dossiers 6 F, Tonband 38 F.) Es handelt sich hierbei um eine 1968 von britischen Universitätslehrern (Soziologen, Psychologen und Philologen) in Zusamenarbeit mit dem B.E.L.C. in Orléans durchgeführte soziokulturelle Untersuchung auf der Basis von freien Interviews, Gesprächen (tables rondes) und Kurzreferaten über Probleme der heutigen französischen Gesellschaft. In seiner ursprünglichen Form umfaßte das Corpus 350 Tonbänder. Aus der zu großen Zahl von authentischen Tonbanddokumenten wurde von drei Mitarbeitern des B.E.L.C. eine Themenauswahl getroffen (die u. E. auch anders hätte ausfallen können). Zu dem Auswahltonband wurde ein pädagogisches *Dossier* geschaffen, das für jedes Thema methodische Anweisungen für das unterrichtliche Vorgehen auf dem *Niveau 2* gibt. Die zwölf Themenkreise lauten:

Paris — Province	
Les jeunes et les adultes	jeweils mehrere (meist
Qu'est-ce qu'un bourgeois?	kürzere) Interviews
La femme et le travail	(10 Sek. bis 2 Min.)
L'organisation municipale en France	
Les syndicats en France	
La presse à Paris et en province	jeweils ein (meist
La police en France	längeres) Interview
Paris — Province (Weiterführung)	oder Exposé
Les Français et la religion	(5 bis 7 Min.)
Le Français homme du Nord et homme du Midi	
Difficultés pour trouver un emploi	

Die Themen lassen sich ab dem 4. Unterrichtsjahr Französisch behandeln. Zu den ersten vier Themen bringt das Tonband verschiedene, miteinander kontrastierende Stellungnahmen. Allen Äußerungen haften die Merkmale natürlichen Sprechens an: defekter Satzbau, Wiederholungen, Ellipsen etc. Auch die üblichen sekundären Geräuscheffekte sind gegeben. Dem *document sonore* als dem eigentlichen Informationsträger fällt also besondere Bedeutung zu. Zur Erleichterung der Vorbereitung des Lehrers liegen für die zwölf Themenkreise jeweils genaue Transkriptionen des *document sonore* bei mit detaillierten Anweisungen für das methodische Vorgehen. Zusätzliches Informationsmaterial (Presseartikel, Fragebogen, Ergebnisse aus Befragungen, kleine polemische Texte, d. h. relativ informationsträchtige Dokumente) reichert das 93seitige *Dossier* an. Es kann sowohl im Sprachlabor als auch in konventioneller Manier damit gearbeitet werden. Hier nun kurz das Grundschema der Aufeinanderfolge der einzelnen Unterrichtsschritte. Varianten und zusätzliche Verfahrensvorschläge werden für jedes Thema gesondert aufgeführt.

— Vor dem Abspielen des Tonbands gibt der Lehrer kurz einen Hinweis auf das Thema des Interviews ohne jeden weiteren Kommentar.

— Jetzt wird das *document sonore* (Interview) abgespielt, wo nötig, ein zweites und ein drittes Mal, je nach Länge und Schwierigkeitsgrad. Ein längeres Tondokument kann in mehrere Abschnitte aufgeteilt werden.

— Nach zwei- oder dreimaligem Hören macht sich der Lernende Notizen. Diese Technik der *prise de notes* (in der Fremdsprache selbstverständlich) muß eigens mit den Schülern geübt werden (im übrigen findet der Unterrichtende Modelle im Lehrerteil des *Dossier*). Man führt die Schüler schrittweise zur Beherrschung dieser Technik: Man läßt zunächst nur ein oder zwei Sätze vom Band abspielen und fragt nach den Schlüsselwörtern des Textes, welche die Schüler als Stichworte notieren. Sehr bald sollte man aber zum normalen Rhythmus übergehen und das ganze Interview oder den entsprechenden Teil eines Exposés zunächst ohne Kommentar vom Band abspielen und nach dem ersten Abhören ein Gespräch mit den Schülern führen, um die Grund- und Leitgedanken finden zu lassen. Der Lehrer kann dabei Fragen aufwerfen, die beim zweiten Abhören des Bandes ihre Antwort finden, um die Schüler zu konzentriertem Hören anzuhalten. Beim dritten Durchlauf machen die Schüler Notizen.
— Nun folgt das eigentliche Gruppengespräch, in dessen Verlauf die Schüler anhand ihrer Aufzeichnungen die wesentlichen Punkte rekapitulieren und diese gleichzeitig noch durch Beiträge von Mitschülern ergänzen können.
— Bei einem letzten Abspielen des Bandes sollte der Schüler zu einer einigermaßen genauen schriftlichen Fixierung der Hauptgedanken kommen (der Unterrichtende kann am Ende dieser Übung eine besonders gelungene Musterfassung an die Tafel schreiben lassen oder eine eigene über Arbeitsprojektor vorstellen und diskutieren lassen).
— Nun sollte der Schüler anhand der *prise de notes* eine schriftliche Zusammenfassung erstellen. Mehrere Fassungen werden auf Tonband aufgenommen und gemeinsam in bezug auf den Inhalt, die Darstellungsweise und die Diktion besprochen, eventuell auch einer Musterfassung gegenübergestellt (Beispiele sind ebenfalls im Lehrerteil zu finden).
— Es können aber auch im Anschluß an die *prise de notes* sofort mündliche Résumés gefordert werden, die ebenfalls auf Band aufgenommen und gemeinsam besprochen werden. Nach der Bearbeitung schriftlicher Vorlagen, die zusätzlich Informationen über das Thema bringen, kann zur Diskussion übergegangen werden, die u. U. ebenfalls auf Band aufgenommen wird.
— Die schriftlichen Zusätze können arbeitsteilig an verschiedene Gruppen verteilt werden. Die Ergebnisse werden vorgetragen und auf Tonband aufgenommen, um nach Anhörung aller Einzelbeiträge nochmals vorgespielt zu werden und somit die Diskussion einzuleiten.

Auch dienen die Aufzeichnungen dazu, in der folgenden Stunde auf die erarbeiteten Punkte zurückzuführen.
(Die lern- und motivationspsychologische Begründung des hier skizzierten Vorgehens darf als evident und bekannt vorausgesetzt werden.)
Man kann aber das *Corpus d'Orléans* — sowie jede Art von Kurzinterview — auch noch anders methodisch verwenden: nämlich dazu, die Schüler im unterschiedlichen Gebrauch von *code oral* und *code écrit* zu üben, um in ihnen ein Gespür für den Unterschied der verschiedenen *registres* und *niveaux de langue* zu entwickeln. Bei solcher Zielsetzung kann folgendes methodische Verfahren eingeschlagen werden:
Die Lernenden hören das entsprechende Tondokument zwei- oder dreimal, sei es im Sprachlabor, sei es über ein zentrales Tonbandgerät im Klassenzimmer. Darauf erarbeitet man mit ihnen in einem gemeinsamen Unterrichtsgespräch die wesentlichen Punkte der inhaltlichen Aussage (wobei man sich zunächst mit einem globalen Verständnis und Erfassen begnügt). Im Falle von Verständnisschwierigkeiten läßt man das Tonband u. U. in kleineren Abschnitten ablaufen, über die jeweils Fragen gestellt werden, so daß nach und nach alle wesentlichen Punkte eines Interviews erfaßt werden.
Wenn nun der Inhalt des Interviews gut bekannt ist, wird man eine Transkription des Textes verteilen, die weder Zeichensetzung noch Großschreibung am Satzbeginn aufweist. (Im *Corpus d'Orléans* liegt für jedes Tondokument eine entsprechende Fassung vor, schon damit sich der Unterrichtende entsprechend vorbereiten kann.) Nun hören die Schüler mit der Transkription vor den Augen noch einmal das Tonband. Einige Stellen des Transkriptionstextes werden von den Schülern laut gelesen. Durch dieses laute Lesen sollen die Schüler dazu geführt werden, in dieser Transkription keinen schriftlichen Text zu erblicken, sondern den *texte oral*.
Jetzt ist der Augenblick gekommen, vom *code oral* zum *code écrit* überzugehen:
Der *code oral* weist neben vollständigen Sätzen auch unvollständige Sätze, Reprisen, Brüche im Satzgefüge und solche Elemente auf, die gar keinen eigentlichen Informationsgehalt besitzen, sondern den Inhalt der Aussage in einer bestimmten Weise tönen, d. h., daß der *code oral* alle Charakteristika gesprochener Rede enthält und in seiner Diktion zugleich etwas von der persönlichen Eigenart des Interviewten, u. U. ein diesem entsprechendes sozio-kulturelles Milieu enthüllt.
Diesen mündlichen Text in den *code écrit* umzusetzen, verlangt deshalb von dem Schüler nicht nur das Vervollständigen und Berichtigen unvoll-

ständiger und mangelhafter Sätze, sondern zugleich auch eine Interpretation des sprachlichen Materials dergestalt, daß die *Tönung* der Aussage durchklingt. Daher sind solche Übungen auch erst gegen Ende des *Niveau 2* zu beginnen und auf der nächsthöheren Stufe, vor allem aber in den Leistungskursen interessante Aufgaben von hohem Wert. Einfachere Interviews lassen sich jedoch bei entsprechendem stimulierendem Fragen seitens des Unterrichtenden durchaus auf dem *Niveau 2* in zufriedenstellender Weise behandeln. Bei dieser Aufgabe geht es eben nicht darum, das Interview in ein Résumé umzusetzen, sondern darum, zu versuchen, denselben Sachverhalt auf das Register der Schriftsprache zu transponieren.

Hier ein kurzes Beispiel aus dem *Corpus*:

Transcription du document sonore
Vous savez qu'il y a trois France il y a trois France Paris (je suis de Paris ah oui à Paris) il y a la banlieue la banlieue the suburbs la banlieue la petite banlieue la grande banlieue un peu plus loin et la province et pour le Parisien la province c'est... ils imaginent tout de suite dès qu'on n'est pas Parisien ils imaginent les vaches les canards et les poules Pour eux oui la province c'est les paysans oui les croquants comme on dit oui les croquants ah c'est ça c'est très curieux la mentalité du parisien méprise le provincial le provincial hein... Paris hein Paris alors mais vraiment l'atmosphère est différente Voyez la liberté dans les rues voyez la liberté des costumes voyez la liberté de de la vie du soir Toutes nos villes de province sont tristes le soir toutes il n'y a que Paris qui soit vivant peut-être Marseille ou Nice mais enfin et même pas Nice Voyez il y a vraiment il y a deux deux civilisations presque il y a Paris et il y a le reste de la France. (CARDINAL u. a., 1971, S. 75)

Die Schüler haben in der skizzierten Weise das Tonbanddokument zunächst rein auditiv erarbeitet. Jetzt wird die Transkription ausgeteilt (s. oben), die zunächst mehrmals von den Schülern laut gelesen wird. Alsdann erhalten die Schüler den Auftrag, alle Elemente zu unterstreichen, die informationstragend sind, also folgende:

Vous savez qu'*il y a trois France* il y a trois France *Paris* (je suis de Paris ah oui à Paris) il y a *la banlieue* la banlieue the suburbs la banlieue la *petite* banlieue la *grande* banlieue *un peu plus loin* et *la province* et *pour le parisien la province c'est*... ils imaginent tout de suite dès qu'on n'est pas Parisien ils imaginent *les vaches les canards* et *les poules* Pour eux oui *la province c'est les paysans* oui *les croquants* comme on dit oui les croquants ah c'est ça c'est très curieux la mentalité du *parisien méprise le provincial* le provincial hein... Paris hein Paris alors mais vraiment *l'atmosphère est différente* Voyez *la liberté dans les rues* voyez *la liberté des costumes* voyez *la liberté de de la vie du soir Toutes nos villes de province sont tristes le soir* toutes *il n'y a que Paris qui soit vivant peut-être Marseille ou Nice* mais enfin et *même pas Nice* Voyez il y a vraiment *il y a deux deux civilisations presque il y a Paris et il y a le reste de la France.*

Diese Elemente der Information müssen in der schriftlichen Endfassung vorkommen. Aber wenn die Übung hier stehen bliebe, würde man die Technik des Resümierens als Unterrichtsziel verfolgen. Unserer Aufgabenstellung gemäß sollen jedoch die dem mündlichen Ausdruck eigenen Nuancen in der schriftlichen Fassung anklingen. In der sehr typischen Passage „pour le Parisien la province c'est ... ils imaginent tout de suite dès qu'on n'est pas Parisien, ils imaginent les vaches, les canards, les poules" ist die Information die folgende: „pour le Parisien, la province c'est les vaches, les canards et les poules".

(Beiläufig gesagt: eine weniger anspruchsvolle, aber durchaus lohnende Aufgabenstellung für ein bescheideneres Niveau wäre es schon, die Schüler alle Reprisen — hier: „Parisiens ... ils" und zweimaliges „imaginent" —, Konstruktionsfehler etc. solcher Interviews finden und eine Reinfassung herstellen zu lassen.)

Für unsere Aufgabenstellung ist der bloße Inhalt der Information unbefriedigend. Hier nun zwei mögliche schriftliche Versionen:

1. Dans l'image que le Parisien se fait de la province, il y a des vaches, des canards et des poules.
2. Pour les Parisiens, la province *évoque* des *images* bien précises: des vaches, des canards des poules.

Noch ein Beispiel:
An einer Stelle sagt der interviewte Hauptstädter:

„*alors mais vraiment* l'atmosphère est différente".

Dieses „alors mais vraiment" gehört ausschließlich zum *code oral*. Die Schüler sollen Möglichkeiten finden, es in den *code écrit* umzusetzen. Man wird also die Schüler fragen, was dieses „alors mais vraiment" denn meint: Sicherheit des Urteils, Insistieren etc. Hier zwei mögliche Versionen:

1. De toute évidence, l'atmosphère de Paris est différente de celle de la province.
2. Il faut reconnaître que l'atmosphère de Paris est tout à fait différente.

Abschließend zwei Beispiele für Endfassungen im *code écrit* (eine einfache und eine anspruchsvolle):

Exemples de mise en écrit du document sonore
I. Il est commun de distinguer trois France: Paris, la banlieue — la petite et puis aussi la grande — et la province. Pour le Parisien, la province évoque des images bien précises: des vaches, des canards, des poules d'une part, et d'autre part des paysans, ceux que l'on a coutume d'appeler les croquants. Cette attitude n'est pas sans révéler un certain mépris.

Il faut reconnaître que l'atmosphère à Paris est tout à fait différente: une plus grande liberté, que ce soit dans le comportement ou dans la tenue.
Le soir, Paris n'est pas triste, ce qui n'est malheureusement pas le cas de la plupart des villes de province. C'est pourquoi il est aisé de parler de deux »civilisations«: Paris et le reste de la France.

II. On peut dire qu'il y a trois France: à savoir Paris, la banlieue (où l'on distingue la petite et la grande banlieue) et la province.
Dans l'image que le Parisien se fait de la province, il y a des vaches, des canards et des poules. Pour lui, les provinciaux sont tous des paysans ou pour employer une autre expression des »croquants« et ce terme montre que le Parisien éprouve un certain mépris à l'égard du provincial.
De toute évidence, l'atmosphère à Paris est différente de celle de la province. Il suffit pour s'en assurer de considérer la liberté d'attitude des passants dans la rue, la liberté dans le choix des vêtements, la liberté enfin qui éclate dans la vie nocturne. Cette dernière caractéristique fait que toutes nos villes de province son tristes, le soir, et qu'il n'y a que Paris qui soit vivant. Peut-être pourrait-on en dire autant de Marseille ...
Tout ceci nous donne le droit de conclure que dans notre pays, il existe deux civilisations: celle de Paris d'une part, celle du reste de la France d'autre part. (CARDINAL u. a., 1971, S. 76 f.)

An der Erarbeitung der *version écrite* arbeiten alle Schüler mit ihren Vorschlägen mit. Durch entsprechendes stimulierendes Fragen kann der Unterrichtende das jeweilige Register schon andeuten und die Schüler anregen, ihre Phantasie walten zu lassen. Einer der Vorschläge wird als akzeptierte Version an die Tafel und in die Hefte notiert. Es ist jedoch ratsam, mehrere Vorschläge einander gegenüberzustellen und darüber zu diskutieren. Anfangs verläuft diese Übung meist etwas langsam. Aber Geduld und gute Vorbereitung des Lehrers — der selbst mehrere Versionen ausgearbeitet hat, um schnell reagieren bzw. seine Fragetechnik flexibel gestalten zu können — führen bald zu sehr befriedigenden Resultaten.

3. Alternative Möglichkeiten des Tonbandeinsatzes

3.1. Mitschneiden von Radiosendungen

Selbstverständlich lassen sich Tonbandreportagen sehr gut durch das Mitschneiden von Radiosendungen (Nachrichten, kulturelle, wirtschaftliche und politische Kommentare etc.) ergänzen und aktualisieren. Auch lassen sie sich ohne weiteres in die Thematik und Behandlung von frankreichkundlichen Lehrbüchern einbeziehen. Es sei z. B. an den Band 3 von *La France en direct* (Hachette) erinnert, der sich ohne Schwierigkeiten an beliebige vorausgegangene Lehrwerke der Unterstufe anschließen läßt und reichhaltiges Textmaterial für frankreichkundliche Themen im besprochenen Sinne aufweist. (Themenkreise u. a.: *Culture et contestation; le sport, problème national; la presse aux mille visages; la condition de la femme; etc.*) Im übrigen ist es für den Unterrichtenden immer wieder verblüffend festzustellen, wie aufmerksam die Schüler auf die Information vom Band hören und wie gewichtig die vom Band selbst gestellten Fragen genommen werden, etwa im Vergleich zu den Fragen des Lehrenden (vor allem, wenn alternierend gearbeitet wird). Dies gilt auch für Leseübungen, wenn man etwa dem Schüler, der eine Textstelle lesen soll, zuvor die Passage vom Tonband bietet (das eventuell von einem *Assistant* besprochen wurde). Dies gilt freilich nicht für den Unterricht der Elementarstufe, wo das Lesen und Nachsprechen wesentlich davon abhängen, daß die Schüler dem Lehrer „aufs Maul schauen" können. Man muß sich allerdings darüber im klaren sein, daß alle Information altert und daß der betreffende Verlag oder das betreffende Institut immer wieder Ergänzungen oder besser noch Neufassungen bieten müssen. In Zusammenarbeit mit Lehrern, Soziologen, Psychologen und Politologen können Dossiers erstellt werden, die von der Form des solide gebundenen Lehrbuchs für diese Stufe abkommen und statt dessen beispielsweise Mappen mit losen Blättern anbieten.

3.2. Das zeitgenössische französische Chanson

Auch das zeitgenössische französische Chanson läßt sich unter Einbeziehung soziokultureller (und soziolinguistischer) Aspekte auf dem *Niveau 2* behandeln. Über die textliche Aussage des Chansons eröffnen sich Aspekte und Probleme des täglichen Lebens, so etwa in den Chansons von Bécaud, Brassens, Brel, Léo Ferré, Jean Ferrat, Juliette Gréco, Moustaki, Marc Ogeret, Cathérine Sauvage, Anne Sylvestre und anderen (jüngeren!). Gewisse Chansons sind so voller lebendiger Gegenwart, daß sie die Schüler von Anfang an in ihren Bann zu ziehen vermögen. Auch bei ihrer Behandlung im Unterricht übernimmt die Schallplatte bzw. das Tonband eine wichtige Mittlerfunktion. DAMOISEAU und MARC (1972) lassen in ihren methodischen Verfahrensweisen folgendes Grundmuster erkennen, das natürlich immer wieder abgewandelt und der besonderen Atmosphäre des jeweiligen Chansons angepaßt werden kann: Nach Nennung von Autor und Thema erfolgt das erste Abspielen des Bandes, d. h., die Schüler bekommen den Text des Chansons nicht ausgeteilt, da vor allem wieder das Hörverstehen geübt werden soll. Zwischen dem ersten und einem nochmaligen Abspielen verwickelt der Lehrer die Schüler in ein kurzes Gespräch über den Inhalt des Chansons, um festzustellen, was eventuell verstanden worden ist. Nach einem zweiten Abspielen kann nun u. U. strophenweise zu einer *reconstitution de texte* (vgl. STOURDZÉ, 1969) übergegangen werden, deren Technik darin besteht, daß der Unterrichtende durch ständiges immer enger einkreisendes Fragen versucht, die Schüler dahin zu bringen, den Wortlaut des Textes möglichst originalgetreu wiederaufzufinden und dadurch älteren und neuen Wortschatz ständig zu aktivieren. Durch jeweils eingeblendetes Abspielen der entsprechenden Textpassage oder Strophe erfolgt eine zunehmende Annäherung. Alsdann wird der Text ausgeteilt, und in weiteren Unterrichtsphasen, die natürlich über eine 45-Minuten-Einheit hinausgehen, werden Gehalt und Form der Aussage und der sich darin offenbarende soziokulturelle Aspekt erarbeitet. Indem durch weitere schriftliche Materialien und/oder Tondokumente die präzisen *background data* zu dem im Chanson angeklungenen Problemkreis geliefert werden, kann über Einzelreferate und über arbeitsteiligen Gruppenunterricht eine Ausweitung und gleichzeitige Konkretisierung der Thematik erreicht werden. Derartige Materialien gewinnt der Lehrer aus Zeitschriften wie *Tendances* oder aus Illustrierten und Zeitungen, aus Rundfunk- und Fernsehmitschnitten und selbstverständlich auch aus frankreichkundlichen Lehrwerken neueren Datums. Daneben läßt sich auch mancher Beitrag aus *Le Français dans le Monde* heranziehen. Wichtig ist dabei lediglich, daß die Materialien von der einzelnen Arbeitsgruppe wirklich „verarbeitet" werden: Eine solche „Verarbeitung" (Kontrastierung, Kondensierung, adressatengerechte Aufbereitung) findet immer dann statt, wenn der Gruppe medienspezifische Auflagen gemacht werden (z. B.: simulierte Rundfunksendung informativ-unterhaltenden Charakters innerhalb einer gedachten Reihe = das im Chanson angesprochene Grundthema, 7 Minuten; Formen: Moderator, Interview, Diskussion, Spielszenen, Dokumentarszenen) und der Adressatenkreis spezifiziert wird (Jugendliche, Franzosen, Deutsche, Touristen, Reiseführer, Einwanderer). Die Schüler, an die möglichen Darbietungsstile durch reichlichen Fernsehkonsum gewöhnt, unternehmen begeistert den Versuch, aktiv selbst solche Formen zu realisieren. Es kann dabei durchaus reizvoll sein, mehreren Gruppen ein und dieselbe Aufgabe zu stellen, um die fertigen Tonbandaufzeichnungen untereinander bezüglich Informationsdichte und Darbietungsstil zu vergleichen. So wird sicherlich eine Gruppe den Einfall haben, einzelne Strophen oder Kurzpassagen leitmotivisch oder in satirischer Verfremdung in ihre

Reportage einzublenden, eine andere Gruppe wieder benutzt das Chanson lediglich als Einstieg, eine dritte endlich bringt die vorgegebenen Zusatzmaterialien bei einem gedachten Interview mit dem *auteur-interprète* ins Spiel usw. Es versteht sich von selbst, daß auch die phonetische Qualität beurteilt wird. Der *Assistant* oder ein französischer Gastschüler kann hierbei als Jury fungieren. Bei diesen Arbeitsformen ist das Tonband nicht mehr ein authentisches mündliches Französisch garantierender Tonspeicher, es dient nicht bloß als Ausgangspunkt und Materialträger, sondern wird zum eigentlichen stimulierenden Faktor für ausdauernde und intensive Beschäftigung mit einem (sprachlich wie sachlich didaktisch fruchtbar konzentrierten) Themenkreis. Die Motivation der Aufgabenstellung garantiert damit wiederum das auch auf dieser Stufe noch immer nötige *Overlearning* in Form von variierender Wiederholung und Aktivierung in wechselnden Formen und Kontexten. Im übrigen wird man, auch wenn, wie dies die Regel sein wird, mit weit weniger aufwendigen Formen (z. B. mündliches Einzelreferat, improvisiertes Exposé, mündliches Résumé) gearbeitet wird, alle Schülerbeiträge auf Tonband festhalten: nur so können die auftretenden Fehler in einem gesonderten Arbeitsgang gemeinsam mit der Klasse erörtert werden und alternative Formulierungen eingebracht werden. Denn selbstverständlich nehmen gerade auf dieser Stufe, gerade bei diesen Themen und gerade bei diesen Arbeitstechniken die Fehlerquellen zu: zu den schon auf der Unterstufe zu berichtigenden Verstößen in Aussprache und Grammatik treten Probleme der Idiomatik, der Stilistik, des Code *(oral/écrit)* und insbesondere des soziokulturell oder situativ-okkasionell bedingten Registers *(niveau de langue)*, und dies in einem Umfang und in einer kontext-, adressaten- und situationsbedingten Subtilität, daß das Prinzip der „beiläufigen Korrektur", das auf der Unterstufe (und wieder auf der Oberstufe!) für längere mündliche Schüleräußerungen gilt, nicht praktikabel ist. Andererseits verhindert gerade ein Zuviel an Korrektur wirkliches Aussprechen und wirklichen Sprechfluß (der bei manchen Schülern erst nach Minuten eintritt!). Nur über Tonbandaufzeichnungen läßt sich das hier aufgezeigte Dilemma umgehen.

Am Beispiel frankreichkundlicher Stoffe haben wir gezeigt, daß die aus der Elementarstufe bekannten Phasen der Sprachaufnahme (inhaltliches und akustisches Reproduzieren) und der Sprachverarbeitung (Umstrukturieren, Integration in die bereits bekannten Lernelemente, *Overlearning* der Lexis wie der Morphologie und der Syntax) auf dem *Niveau 2* nur auf dem Weg über authentische Sprachdokumente verschiedenster Natur und Provenienz eine nötige zusätzliche Dimension gewinnen können: Konnotation, soziokulturelle Determiniertheit und performanz-spezifische Phänomene müssen dem Schüler vertraut werden, ehe im Vollsinn des Wortes gesagt werden kann: er „versteht" („intel-legit", „com-prend").

3.3. Das Tonband als Mittel zur Reaktivierung grammatischer Strukturen

Es versteht sich von selbst, daß mit den hier skizzierten Arbeitsformen der Phase II (Sprachverarbeitung) nicht allein Genüge getan werden kann; denn selbstverständlich heißt *Niveau 2* auch: neues Vokabular und neue grammatische und stilistische Strukturen. Gleichzeitig müssen in irgendeiner Form die auf dem *Niveau 1* erlernten Elemente in eine systematisch angelegte Reaktivierung einbezogen werden, damit einer ständig drohenden Extinktion entgegengewirkt wird. Auch hierbei wird das Tonband einen speziellen Einsatz erfahren, wo immer ein Sprachlabor zur Verfügung steht. Einige auch auf dieser Stufe sinnvolle Übungstypen seien nachstehend aufgezeigt. (Vgl. OLBERT/SCHNEIDER, 1973 b.) Neben den weitgehend bekannten Strukturübungen eignen sich für diese Stufe alle Typen von „Integrationsübungen". Wir bezeichnen als Integrationsübungen solche Übungen, die zwar formal grammatisch zentriert sind, die aber gerade nicht auf der Basis reiner Analogie lösbar sind, sondern eine Vielzahl grammatischer Sekundäreffekte implizieren.
Beispiele:

3.3.1. Negation

Anweisung: In Ihrer Replik drücken Sie jeweils aus, daß Sie gerade das Gegenteil für richtig gehalten hatten. Beginnen Sie jede Replik mit *Et moi je pensais que ... / Et moi qui pensais que ...*

L: Je ne viens pas de Paris.
S: Et moi je pensais que vous (—) ven*iez* de Paris / *en* veniez.
L: D'ailleurs je suis Allemand.
S: Et moi je pensais que vous *n' étiez pas* Allemand.
L: Oh vous savez, je voyage beaucoup.
S: Et moi je pensais que vous *ne* voya*giez pas* beaucoup / voyagez *peu*.
L: Mais je ne retournerai plus en France.
S: Et moi qui pensais que vous retourner*iez de nouveau* en France / ... *y* ...
L: Non. — J'ai déjà fini mes études, vous imaginez?
S: Et moi qui pensais que vous *ne les* avez *pas encore* finies.
L: Attendez, je vais prendre encore quelque chose.

S: Et moi qui pensais que vous *ne* prenez *plus rien*.
L: Je viens souvent ici.
S: Et moi qui pensais que vous *ne* veniez *jamais*.
L: Mais aujourd'hui, je prends mon café en attendant quelqu'un.
S: Et moi qui pensais que (frei:) vous étiez là *sans* attendre *personne*.
L: Et normalement je le prends à l'hôtel en faisant mon courrier.
S: Et moi qui pensais (frei:) vous restiez à l'hôtel / y restiez / *sans rien* faire. (Vgl. Wortstellung in der vorausgehenden S-Replik.)
L: Eh non, pour moi, le bonheur c'est de m'absorber dans (!) le travail.
S: Et moi qui pensais que le bonheur c'est de *ne pas être absorbé* / *ne pas se faire* absorber / *par* (!) le travail. (Die letzte Replik zeigt, bis zu welchem Grade Inhaltliches und Formal-Grammatisches sich hier durchdringen können.)

3.3.2. Modi, Tempora, Concordance des temps

Anweisung: An den Satz *Claudine va au cinéma avec lui* fügen Sie den jeweils vorgegebenen Satzanfang.

L: Maurice sait bien...
S: Maurice sait bien *que* Claudine va au cinéma avec lui. (unverändert!)
L: Maurice voudrait...
S: Maurice voudrait *que* Claudine *aille*...
L: Maurice voudrait savoir...
S: Maurice voudrait savoir *si* Claudine *va*...
L: Maurice disait... (Concordance!)
   Maurice avait demandé... (Subjonctif — que / Concordance — si)
   Maurice serait content... (Subjonctif — que)
   Etc.
   (Wofern man eindeutige Bildstimuli, wie *tanzen, schwimmen, Kino, Plattenspieler, Spielkarten* usw., einsetzt, kann die Übung auch dialogisch gestaltet werden. Die Lehrerrolle sieht dann etwa so aus: Dites ce que Maurice voudrait, ce qu'il sait, ce qu'il avait dit, de quoi il serait content...)

3.3.3. Infinitivkonstruktionen

Dem Schüler liegt schriftlich eine Liste verbaler Ausdrücke vor, die er in der vorgegebenen Reihenfolge im Dialog mit dem Tonband zu verarbeiten hat. Formale Maßgabe: er hat das Verb des Fragesatzes in seiner Antwort aufzugreifen. (Es ist schon auf der Elementarstufe nötig, die Schüler dahingehend zu trainieren, daß sie im Gespräch von den formalen Vorgaben des Dialogpartners bei der Antwortgebung zu profitieren lernen!)
— apprendre l'allemand
— travailler à Bordeaux
— faire des travaux simples

- écrire à la machine
- faire le travail d'une secrétaire
- gagner le double
   etc.

L: Alors tu es allée en Suisse. Qu'est-ce que tu as fait là?
Qu'est-ce que tu as décidé?
S: J'ai décidé *d*'apprendre l'allemand.
L: Et quand tu es revenue de Suisse, où es-tu allée?
S: Je suis allée (—) travailler à Bordeaux.
L: Tu as bien travaillé dans un bureau, n'est-ce pas? C'est bien comme ça que tu as commencé?
S: Oui, j'ai commencé *à* faire des travaux simples.
L: Mais sais-tu écrire à la machine?
S: Oui, j'ai appris *à* écrire à la machine.
L: Et tu ne voudrais pas aller au lycée? Tu préfères vraiment cela?
S: Oui, je préfère (—) faire le travail d'une secrétaire.
L: Et tu gagneras mieux? Tu l'espères du moins?
S: Oui, j'espère (—) gagner le double.
Etc.

3.3.4. Fragen

Anweisung: Stellen Sie Fragen, die das Satzende der gehörten Sätze betreffen!

L: Nous allons en Espagne.
S: *Où est-ce que* vous allez?
L: Nous cherchons notre ami.
S: *Qui est-ce que* ...
L: Nous avons reçu une lettre.
S: *Qu'est-ce que* ...
L: Elle nous plaît beaucoup cette ville.
S: *Qu'est-ce qui* ...
L: Je n'ai pas pensé à cela.
S: *A quoi* ...
L: J'ai trouvé l'album avec les fotos de Claudine.
S: *Quel album* ...
Etc.: à qui / quand / pourquoi / comment ...
(Selbstverständlich kann auch diese Übung kontextuell-situativ gestaltet werden, es sei hier — so wie auch in der nachfolgenden Übung — lediglich das didaktische Prinzip kurz aufgezeigt.)

3.3.5. Pronomen

Anweisung: Stellt Fragen, die sich auf die Pronomina beziehen!
L: J'*en* viens.
S: D'où est-ce que vous venez?
L: Je mange avec *elle*.

S: Avec qui...?
L: J'*y* vais souvent.
S: Où...?
L: Je n'*y* pensais pas.
S: A quoi...?
L: *Il* boit tout le temps.
S: Qui...?
L: Je peux *le* faire.
S: Qu'est-ce que...?
L: Je m'*en* occupe.
S: De quoi...?
L: Je vais *lui* demander.
S: A qui...?
L: Ça m'intéresse.
S: Qu'est-ce qui...?
Etc.

3.3.6. Satzeinleitungen und Satzverbindungen (abstraktere Integrationsübung)

— Grund
Basissatz: Je suis malade; je reste au lit.
Stimuli:
— car
— puisque
— c'est pourquoi
— comme
— c'est que
— c'est la raison (pour laquelle)
— étant donné (que)
— compte tenu (du fait que)
— à cause (tour nominal)
— aussi (inversion)

— Absicht
Basissatz: Je ne sors plus; j'économise mon argent.
Stimuli:
— pour (Inf.)
— pour que (Subj.)
— afin (de)
— afin que (Subj.)
— à seule fin (de)
— de sorte que (Subj.)
— le but (en est de...
oder: dans le but)

— Einräumung
Basissatz: Il a beaucoup d'argent, mais il ne le dépense pas.
Stimuli:
— d'un côté
— néamoins
— même si
— peu importe
— pourtant
— pour autant
— d'une part

— Frage
Basissatz: Il l'a fait exprès?
Stimuli:
— je me demande (si)
— je suis curieux (de savoir si)
— j'ignore (si)
— peut-être (inversion!)
— la question est... (de savoir si)
— il me semble
— il semble

— Transformation von Satzgefügen
(Keinerlei grammatische Schwerpunkte. Die Stimuli bestehen aus obligaten Satzanfängen, die eine entsprechende Umstrukturierung des Satzgefüges nötig machen. Das Tonband gibt die Lösung bekannt. Text und Satzanfänge können auch schriftlich vorliegen.)

Basissatz: Nul ne doit être inquiété pour ses opinions, même religieuses, pourvu que leur manifestation ne trouble pas l'ordre public établi par la loi.
(Art. X, Déclaration des Droits de l'Homme)

Stimuli: — L'ordre public, établi par la loi, ne doit pas...
(être troublé par la manifestation...)
— Bienque nul ne doive être inquiété... (il doit éviter... respecter...)
— Tout en jouissant de la libre communication de ses opinions on doit veiller... (à ce que leur manifestation ne... oder: à ce que l'ordre public ne soit pas...)
— Pourvu que... (pourvu que la manifestation des opinions...)

Will man über das rein formale morphologisch-syntaktische Training hinausgehen, so empfiehlt sich eine Kombination von Tonband und Bild (Dia oder Zeichnungen) im Sinne einer Tonbildschau. Zeichnungen und Bilder, die dem Schüler vorliegen, haben gegenüber dem Dia den Vorteil, daß der Schüler in seiner Sprachlaborkabine individuell üben kann.

In der Phase III (Sprachanwendung, enkodierendes Sprechen) ist mit dem Tonband allein nicht mehr zu arbeiten. Das Bild steht jetzt im Vordergrund und wird zum eigentlichen Leitmedium. Dennoch kann das Tonband eingesetzt werden und die Funktion eines Vorreiters oder Schrittmachers haben, der zunächst den helfenden Anstoß gibt und den Einstieg ins Formulieren erleichtert. Nachdem die Schüler ihre eigenen Versprachlichungen und Ausdeutungen versucht haben, schaltet sich wieder das Tonband ein mit seinen überraschenden, witzigen Kommentaren, welche, von den Schülern mit Spannung erwartet, diese dadurch zu weiterem kreativen Sprechen stimulieren. Nachdrücklich sei auf das Unterrichtsbeispiel „Das Glück" in JANICOT, 1972, verwiesen. Weitere Anregungen zur Kombination von Tonband und Bild finden sich bei OLBERT/ SCHNEIDER, 1973a und 1973b.

Literaturliste
Zitate bzw. von den Autoren zusätzlich angegebene Literatur

ACHTENHAGEN, F.: Didaktik des fremdsprachlichen Unterrichts. Grundlagen und Probleme einer Fachdidaktik. Weinheim (Beltz) 1969.

ANDERSEN, F./SÖRENSEN, K. K.: Medien im Unterricht. Stuttgart (Klett) 1972.

ANKERSTEIN, H. S. (Hrsg.): Das visuelle Element im Fremdsprachenunterricht. Stuttgart (Klett) 1972.

BEBERMEIER, H.: Curriculum-Entwurf für das Unterrichtsfach Englisch in den Aufbauklassen an Hauptschulen (10. Schuljahr). Berlin/Bielefeld 1971.

BEILE, W.: Didaktik der Sprachprogrammierung. In: Neue Schriften zur Bildungstechnologie. Mainz-Niederolm (Zef) 1971.

BERGMANN, E.: Audiovisuelle Mittel in der modernen Schule. München (Bayer. Schulbuchverlag) 1970.

CAPELLE, J./CAPELLE, G.: La France en direct 1. Paris, 1969 (zu beziehen über Saarbach, Köln).

CAPELLE, J./CAPELLE, G.: La France en direct, cahier d'exercices 1; o. J.

CAPELLE, J./CAPELLE, G.: La France en direct, fichier d'utilisation 1; 1971.

CARDINAL, J. u. a.: Langue et civilisation. Paris (B.E.L.C.) 1971.

CARROLL, J. B.: Psychology, Research and Language Teaching. In: A. VALDMAN (ed.), Trends in Language Teaching. New York 1966.

CHOMSKY, N.: Selected Readings (Hrsg. von J. ALLEN und P. VAN BUREN). Reihe: Language and Language Learning. London (Oxford University Press) 1971.

CORRELL, W.: Lernpsychologie. Donauwörth (Auer) 1961.

DAMOISEAU, R./MARC, E.: Dimanche à Orly. Enseignement de la civilisation à partir d'un texte littéraire, in: französisch heute, 2/1972. (Überarbeitete Fassung eines Beitrages aus: La chanson moderne en France. Vervielfältigung, zu beziehen von: Centre International d'Etudes Pédagogiques, 1 avenue Léon Journault, F 62 Sèvres. Preis 12 F einschl. Schallplatte.)

DÖRING, K. W.: Lehr- und Lernmittel. Weinheim, Basel, Berlin (Beltz) 1969.

FESTINGER, L./PEPIONE, A./NEWCOMB, T. M.: Some consequences of the deindividuation in a group. In: J. Abnorm. Soc. Psychol. 1952.

FINKENSTAEDT, TH./SCHRÖDER, K.: Quo Vadis? — Englisch als Zielsprache. Hamburg (Arbeitskreis für Hochschuldidaktik) 1971.

FIRGES, J.: Die audiovisuelle Methode des fremdsprachlichen Unterrichts. In: Neusprachliche Mitteilungen aus Wissenschaft und Praxis, 20. Jahrgang 1967.

FLÜGGE, H.: Die Entfaltung der Anschauungskraft. Heidelberg 1963.

FREUDENSTEIN, R. (Hrsg.): Focus '80. Fremdsprachenunterricht in den siebziger Jahren. Berlin (Cornelsen & Oxford University Press) 1972.

FREUDENSTEIN, R.: Unterrichtsmittel Sprachlabor. Technik, Methodik, Didaktik. Bochum (Kamps pädagogisches Taschenbuch Nr. 42); o. J.

FREUDENSTEIN, R./GUTSCHOW, H. (Hrsg.): Fremdsprachen. Lehren und Erlernen. München (Piper) 1972.

GERMER, E.: Passport to English — ein französisches audio-visuelles Lehrwerk für den Englischunterricht. In: Das Sprachlabor, 7/1966.

GUBERINA, P./RIVENC, P./DABÈNE, M.: Voix et Image de France. Premier degré. Paris 1971 (zu beziehen über Hueber/Didier, Wiesbaden).

GUTSCHOW, H.: Englisch im Medienverbund. In: Der fremdsprachliche Unterricht, 4 (20) 1971 a.
GUTSCHOW, H. (Hrsg.): English Reprints 1. Ausgewählte Aufsätze aus den ersten fünf Jahrgängen der Zeitschrift Englisch 1966—1970. Berlin (Cornelsen/Velhagen & Klasing) 1971 b.
HEIMANN, P./OTTO, G./SCHULZ, W.: Unterricht, Analyse und Planung. Auswahl Reihe B 1/2, Hannover (Schroedel) 1966.
HEINRICHS, H.: Lexikon der audio-visuellen Bildungsmittel. München (Kösel) 1971.
HEINRICHS, H.: Audio-visuelle Praxis in Wort und Bild. Geräte. Technik. Methode. München (Kösel) 1972.
HEINRICHS, H.: Das Lehrmittel — eine didaktische Notwendigkeit. o. O.; o. J.
HEINRICHS, H.: Unterrichtsfernsehen — Illusion und Wirklichkeit. Bochum (Kamps pädagogisches Taschenbuch Nr. 29).
HEUER, H.: Die Englischstunde. Fallstudien zur Unterrichtsplanung und Unterrichtsforschung. Wuppertal und Ratingen (Henn) 1968.
HEUER, H.: Brennpunkte des Englischunterrichts. Grundschule — Hauptschule — Fachoberschule — Gesamtschule — Gymnasialoberstufe. Wuppertal und Ratingen (Henn) 1970.
HÜLLEN, W.: Linguistik und Englischunterricht. Heidelberg (Quelle und Meyer) 1971.
HÜLLEN, W.: Zur linguistischen Begründung fremdsprachlicher Übungsformen. In: Linguistik und Didaktik, 9/1972.
JANICOT, A.: Das Glück. Spontaneität und Kreativität im Französischunterricht. In: französisch heute, 4/1972.
KOHL, N./SCHRÖDER, K.: Bibliographie für das Studium der Anglistik III: Englische Fachdidaktik. Homburg v. d. H. (Athenäum) 1972.
KRUMM, H.-J.: Sprachunterricht und Sprachlehrerfortbildung mit Hilfe des Video-Recorders. In: Zielsprache Französisch, 3/1972.
Kultusministerium des Landes Nordrhein-Westfalen: Lehrplan für das Fach Englisch der Aufbauklasse 10 der Hauptschule. 1972.
LADO, R.: Moderner Sprachunterricht. München (Hueber) 1967.
LEE, W. R./COPPEN, H.: Simple Audio-Visual Aids to Foreign-Language Teaching. London (Oxford University Press) ²1970.
LORENZEN, K.: Englischunterricht. Bad Heilbrunn (Klinkhardt) 1972.
MARKLE, S.: Gute Lernschritte. München (Oldenburg) 1967.
MEYER, E. (Hrsg.): Die Gruppe im Lehr- und Lernprozeß. Frankfurt (Akademische Verlagsgesellschaft) 1970.
MIHM, E.: Die Krise der neusprachlichen Didaktik. Eine system-interne Ortsbestimmung. Frankfurt (Hirschgraben) 1972.
MUELLER, TH. H.: Could the New Key be a Wrong Key? In: french review, 6/1971.
OLBERT, J./SCHNEIDER, B.: Mißverstandene Linguistik. In: französisch heute, 1 und 2/1972.
OLBERT, J./SCHNEIDER B. (Hrsg.): Gesammelte Aufsätze zum Transfer. Einige Beiträge zur Fremdsprachendidaktik. Reihe: Schule und Forschung, Heft 20. Frankfurt (Diesterweg) 1973 a.
OLBERT, J./SCHNEIDER, B.: Salut — Labo. Audiolinguale und audiovisuelle Sprachlaborübungen zum Lehrwerk „Salut" von A. Barrera-Vidal und L. Franke. Frankfurt (Diesterweg) 1973 b.

OLLER jr., J. W.: Language Use and Foreign Language Learning. In: IRAL IX/2, 1971.
ORTNER, R.: Audiovisuelle Medien in der modernen Grundschule. Eßlingen (Burgbücherei W. Schneider) 1972.
PARREREN, C. F. VAN: Die Systemtheorie und der Fremdsprachenunterricht. In: Fremdsprachen (hrsg. von R. FREUDENSTEIN und H. GUTSCHOW). München (Piper) 1972.
PARREREN, C. F. VAN: Lernprozeß u. Lernerfolg. Braunschw. (Westermann) 1966.
PASSOW, A. H./MCKENZIE, G. N.: Research in group behavior shows need for teaching skills. In: Nation's School, 1952.
PELZ, M.: Medientheoretische Erörterungen zum modernen Fremdsprachenunterricht. In: Der fremdsprachliche Unterricht, 4/1971.
Probleme, Prioritäten, Perspektiven des fremdsprachlichen Unterrichts. Frankfurt (Diesterweg) 1972.
REINHARD, C./HEINLE, C. H. (Hrsg.): Implementing Voix et Images de France in American Schools and Colleges. Chilton Books, 1967, zu beziehen über Hueber/Didier.
RUPRECHT, H.: Lehren u. Lernen mit Filmen. Bad Heilbrunn (Klinkhardt) 1970.
SAUER, H.: Fremdsprachen in der Volksschule. Untersuchungen zur Begründung des Englischunterrichts für alle. Hannover (Schroedel) 1968.
SCHIFFLER, L.: Einführung in den audio-visuellen Fremdsprachenunterricht. Heidelberg (Quelle & Meyer) 1973.
SCHNEIDER, B.: Sprachlaborübungen für die gymnasiale Oberstufe (Französisch). In: Praxis des neusprachlichen Unterrichts, 2/1968.
SCHNEIDER, B.: Zum Einsatz grafischer Elemente in der Nach-Labor-Phase. In: Das Sprachlabor und der audiovisuelle Unterricht, 2/1970. Frankfurt (Diesterweg).
SCHNEIDER, B.: Kritische Anmerkungen zu den audio-lingualen Übungstypen im fremdsprachlichen Unterricht. In: Praxis des neusprachlichen Unterrichts, 1/1971.
SCHRAND, H.: Von mechanischen Drills zu kommunikativen Übungen. In: Der fremdsprachliche Unterricht, 4/1968.
SCHREY, H.: Didaktik des zeitgenössischen englischen Romans. Versuch auf der Grenze von Literaturkritik und Fachdidaktik. Wuppertal (Henn) 1970.
STACK, E. M.: The Language Laboratory and Modern Language Teaching. New York 1960.
STOURDZÉ, C.: De la reconstitution à l'explication de texte. In: Le Français dans le Monde, No. 65, Juni 1969.
Studienbriefe des Deutschen Instituts für Fernstudien an der Universität Tübingen; Fernstudienlehrgang für Englischlehrer an Hauptschulen.
TAUSCH, R./TAUSCH, A. M.: Erziehungspsychologie. Göttingen (Vandenhoek & Ruprecht) 1963.
Test C.G.M. 62, C.R.E.D.I.F. Paris (Didier) 1962.
WEINRICH, H.: Textlinguistik für einen kommunikativen Sprachunterricht. In: Focus '80 — Fremdsprachenunterricht in den siebziger Jahren (hrsg. von R. FREUDENSTEIN). Berlin (Cornelsen) 1972.
ZIMMERMANN, G.: Integrierungsphase und Transfer im neusprachlichen Unterricht. In: Praxis des neusprachlichen Unterrichts, 3/1969.
ZIMMERMANN, G.: Passport to English, Junior Course I. Deutsches Lehrerhandbuch. Wiesbaden (Hueber/Didier) 1972.

Zu den in diesem Band verwendeten AV-Medien

1. Soweit die verwendeten AV-Medien integrierter Bestandteil audiovisueller Lehrwerke (Passport to English, La France en direct) sind, können sie über den Buchhandel bezogen werden.
2. Das Transparent „Dick's Adventure" ist entnommen aus: English H 3, Workbook, S. 40, Cornelsen-Verlag, Berlin 1972. Das Lehrbuch kann über den Buchhandel bezogen werden.
3. Das „Corpus d'Orléans" kann bezogen werden bei: B. E. L. C., 9 rue Lhomond, Paris 5 e. Der genaue Titel lautet: Cardinal, Combe, Firmin: Langue et Civilisation, 12 dossiers pour la classe avec exploitation de documents sonores.
4. Der Fernsehkurs SPEAK OUT wurde von Radio Bremen und dem FWU in Koproduktion entwickelt. Die AV-Medien können bei allen Landes-, Kreis- und Stadtbildstellen entliehen bzw. beim Institut für Film und Bild gekauft werden. Es handelt sich im einzelnen um folgende Medien:

Titel	Bestell-Nr. Film FT	Tonband Tb
At the Underground	2255	2238
Travel Enquiries		
At the Breakfast Table	2256	2239
Washing Up	2257	2240
At the Railway Ticket Office	2254	2241
Laying the Table	2320	2242
At a Snack Bar	2402	2243
Making Beds	2321	2244
Going Away	2322	2245
At a Shoe Shop	2403	2246
At the Pet Shop	2404	2247
At the Post Office	2405	2248
At the Money Exchange	2406	2249
First Aid	2407	2250
At the Travel Agents'	2408	2251
At the Doctor's	2323	2252
Learning to Drive	2409	2253

Zu jedem der Filme gibt es ein Beiheft und eine Beikarte, zu den Tonbändern eine Beikarte. Die Verlagsunion Schroedel Diesterweg Schöningh und der Verlag Lambert Lensing haben Lehrerhefte und schriftliches Schülerarbeitsmaterial (Kontextmaterial) entwickelt. Es kann über den Buchhandel bezogen werden.

5. Alle sonst erwähnten AV-Medien sind Produktionen des Instituts für Film und Bild. Sie können dort gekauft bzw. an allen Landes-, Kreis- und Stadtbildstellen entliehen werden. Es handelt sich um:

— Filme
   FT 781   John F. Kennedy spricht zu den Berlinern
   FT 784   Wahlkampf in den USA — J. F. Kennedy wird Präsident
— Bildreihen
   R 419   Charles Dickens und seine Zeit
   R 477   Jean-Baptiste Molière und sein Theater
   R 741   William Shakespeare
   R 2024   Englische Romantik
— Tonbänder
   Tb 188-190   William Shakespeare: Macbeth
   Tb 351   John F. Kennedy in Berlin

Darüber hinaus gibt der Katalog des Instituts Auskunft über weitere Produktionen im Fremdsprachenbereich.

Die Autoren

BEBERMEIER, HANS, geb. 1936
Lehrer an Grund- und Hauptschulen seit 1960, stellvertretender Seminarleiter seit 1968, Rektor seit 1970, Fachleiter für Englisch am Bezirksseminar seit 1968, Studienleiter für Fernstudien Englisch, Stützpunkt PH Paderborn, seit 1971.
Siekerschule
48 Bielefeld, Grasmückenweg 11

HEUER, HELMUT, geb. 1932
Professor für Didaktik der englischen Sprache an der PH Ruhr, Abteilung Dortmund, seit 1967. Unterrichtstätigkeit von 1959 bis 1965. Arbeitsschwerpunkt: Lernprozeßanalyse. Mitwirkung an Lehrplänen für Nordrhein-Westfalen und an einem Hauptschullehrwerk (Let's Learn English).
Pädagogische Hochschule Ruhr, Abteilung Dortmund
46 Dortmund-Barop, Vogelpothsweg

OLBERT, JÜRGEN
Professor am Staatlichen Seminar für Studienreferendare in Rottweil, Lehrbeauftragter am Romanischen Seminar der Universität Freiburg/Breisgau. Herausgeber der Zeitschrift „Französisch heute". Vorsitzender der Vereinigung der Französischlehrer.
Staatliches Seminar für Studienreferendare
721 Rottweil-Hausen, Wasenäcker

PIEPHO, HANS-EBERHARD, geb. 1929
Professor für Didaktik der englischen Sprache und Literatur an der Universität Gießen. 1951 bis 1973 Volksschullehrer. Leiter der zentralen Fachkommission Englisch im Fachbereich Sprache an niedersächsischen Gesamtschulen.
Justus-Liebig-Universität — Fachbereich Anglistik
63 Gießen, Rathenaustraße 17

ROTH, ELMAR, geb. 1925
Professor und Fachleiter für Englisch am Seminar für Studienreferendare in Rottweil. Lehrbeauftragter für Didaktik des Englischunterrichts an der Universität Tübingen. Mitglied der Lehrplankommission Englisch des Kultusministeriums Baden-Württemberg. Seit 1951 im Höheren Schuldienst.
Seminar für Studienreferendare
721 Rottweil, Königstraße 31

SCHIFFLER, LUDGER, geb. 1937
Professor für Didaktik der französischen Sprache und Literatur an der PH Berlin seit 1971. Lehrauftrag an der FU Berlin seit 1973, Lehrtätigkeit in Französisch und Latein. 1965 bis 1969 freier Mitarbeiter im Deutschen Institut für Internationale Pädagogische Forschung (DIPF) Frankfurt. 1969 Fachleiter für Französisch am Studienseminar Offenbach. 1970 bis 1972 Mitarbeit am Curriculum Französisch an hessischen Gesamtschulen. Fachgebiet: Audiovisueller Fremdsprachenunterricht, Fremdsprachenpsychologie und technologischer Fremdsprachenunterricht.
Pädagogische Hochschule Berlin
1 Berlin 46, Malteserstraße 74-100

SCHNEIDER, BRUNO, geb. 1937
Akademischer Oberrat am Romanischen Seminar der Universität Freiburg/Breisgau. 1966 bis 1969 Lehrer am Gymnasium. Lehrbeauftragter am Seminar für Studienreferendare in Rottweil für die Ausbildung der Referendare am Sprachlabor. 1970 bis 1971 kommissarischer Fachleiter für Französisch am Studienseminar Rottweil und Lehrbeauftragter der Universität Freiburg/Breisgau. Seit 1971 akademischer Oberrat. Arbeitsgebiet: Sprachpraktische Übungen und Sprachwissenschaft.
Romanisches Seminar der Universität Freiburg
78 Freiburg, Belfortstraße 11

URBAN, KLAUS-DIETRICH, geb. 1923
Studiendirektor am Schloßgymnasium Mainz. Fachleiter für Sprachlabor- und programmierten Unterricht am Studienseminar Mainz. Mitarbeiter des Staatlichen Instituts für Lehrerfort- und Weiterbildung des Landes Rheinland-Pfalz in Speyer.
Schloßgymnasium Mainz
65 Mainz, Greiffenklaustraße 2

Literatur zum Fremdsprachenunterricht

H. S. Ankerstein (Hrsg.)
Das visuelle Element im Fremdsprachenunterricht
104 Seiten, 1972   Best.-Nr. 92 018

H.-J. Lechler
**Lust und Unlust im Englischunterricht
Methodische Beispiele**
183 Seiten, 1972   Best.-Nr. 92 538

H. L. Kufner
Kontrastive Phonologie Deutsch-Englisch
136 Seiten, 1971   Best.-Nr. 92 518

K. Wächtler
Das Studium der englischen Sprache
260 Seiten, 1969   Best.-Nr. 92 852

W. Arnold
Fachdidaktik Französisch
320 Seiten, 1973   Best.-Nr. 92 020

H. W. Klein
**Schwierigkeiten des deutsch-französischen Wortschatzes
Germanismen – Faux Amis**
352 Seiten, 1968   Best.-Nr. 5214

Ausführlichere Informationen und weitere Titel finden Sie in unseren Fachkatalogen „Englisch" und „Französisch, Italienisch, Spanisch".

In der Reihe AV-Pädagogik erscheinen
demnächst folgende Bände:

Arbeitsprojektion im Unterricht
  Mit Beiträgen von Hans-Jürgen Hübner,
  Lothar Mühlberger und Fritz Nestle
  ca. 100 Seiten
  ISBN 3-12-920330-3

Audiovisuelle Medien im Biologieunterricht
  Mit Beiträgen von Horst Müller, Wilfried Stichmann
  und Christian Ullrich
  ca. 120 Seiten
  ISBN 3-12-920340-0

Audiovisuelle Medien im Arbeitslehreunterricht
  Mit Beiträgen von Michael Barthel, Ingo Hoffer, Ilse
  G. Lemke, Günter Reuel, Jutta Schöler und Peter Werner
  127 Seiten
  ISBN 3-12-920320-6

Weitere Bände sind in Vorbereitung